ALL THE PSYCHOLOGY YOU NEED TO KNOW

FREUDIAN SLIPS

弗洛伊德口误

关于心理学你需要知道的一切

[英]
乔尔·利维 Joel Levy

中国青年出版社
CHINA YOUTH PRESS
中青文传媒

图书在版编目(CIP)数据

弗洛伊德口误：关于心理学你需要知道的一切 /（英）利维著；鲍冷艳译
—北京：中国青年出版社，2014.7
书名原文：Freudian slips: all the psychology you need to know
ISBN 978-7-5153-2430-2
Ⅰ.①弗… Ⅱ.①利… ②鲍… Ⅲ.①心理学－通俗读物 Ⅳ.①B84-49
中国版本图书馆CIP数据核字（2014）第099080号

弗洛伊德口误：关于心理学你需要知道的一切

作　　者：〔英〕乔尔·利维
译　　者：鲍冷艳
责任编辑：肖　佳　庞冰心
美术编辑：张燕楠　李　甦
出　　版：中国青年出版社
发　　行：北京中青文文化传媒有限公司
电　　话：010-65511270/65516873
公司网址：www.cyb.com.cn
购书网址：zqwts.tmall.com　www.diyijie.com
制　　作：中青文制作中心
印　　刷：北京中科印刷有限公司
版　　次：2014年9月第1版
印　　次：2014年9月第1次印刷
开　　本：880×1230　1/32
字　　数：129千字
印　　张：7.25
京权图字：01-2013-8570
书　　号：ISBN 978-7-5153-2430-2
定　　价：33.80元

FREUDIAN SLIPS

All The Psychology You Need To Know

Contents

目 录

FREUDIAN SLIPS

All The Psychology You Need To Know

Introduction

前 言

如果有一个人装扮成黑猩猩从你的面前走过，你会注意到他吗？如果你的心思凑巧集中在其他事情上，大概有百分之五十的几率，你不会注意到这只大猩猩，这可能听起来很不可思议吧？！所谓的“隐形的大猩猩”，或者我们称之为心不在焉的盲目，只是本书阐释的五十多种心理活动之一，这些都是从心理学的宝库中发掘出来的令人讶异和有趣的瑰宝。

比如，弗洛伊德沉湎于可卡因，他还坦言从来不曾了解过女人，从来就没有说过“有时候，雪茄只是雪茄”这句话，而且，他还相信，当你梦到自己飞翔的时候，你那飘荡在空气中的肉体就是性器的象征：一个庞大的、正在飞翔着的、直挺挺的阳具。这些东西，你知道吗？刚出生的小宝宝或许能够用舌头“看”东西；德国胃溃疡患者比巴西同病症患者对于安慰剂的反应，前者反应强度大概是后者的十倍；还有，心理健康的人无法自得其乐，然而，精神分裂症患者中，即使会产生幻觉，但如果能够得以控制的话，那么他们反倒能自得其乐，这些事情，你知道吗？

本书解释了所有这些稀奇古怪的见解和引人入胜的细节，探索了心理学上最有趣和最重要的概念。本书涵盖心理学科的方方面面，从精神分析到行为主义，从心理咨询到神经解剖学，从人的个性到超自然问题，拆解和解释了各种艰深的概念，用生动的例子加以阐释，并且从更大的意义上对这些概念进行了分析。

心理学史上最重要的那些人物，他们曾经做出了诸多极为关键的贡献，本书对此一并进行了探索：从弗洛伊德和荣格到马斯洛和赖希，从莱因和巴甫洛夫到阿德勒和津巴多。不过，本书叙述的内容一直围绕着有趣的细节展开，不会过于艰涩拗口。在著名的墨迹试验中，罗夏研发了以自己名字命名的试验；凑巧的是，多年前，正当青葱少年的他有一个花名叫“Klex”，在德语中就是“墨迹”的意思。还有，巴甫洛夫在研究过程中，为了调整狗的状态，他居然能把一只狗的神经弄崩溃了。这类事情，你知道吗？你会了解何谓霍桑效应，就是指人们处在被他人盯住的状态下，会改变自己的行为，比如，当实验人员盯着被研究对象看的时候，那些被研究的男性能够忍受更剧烈的痛楚。还有巴斯克威尔效应，这种效应意味着那些迷信的念头会招致死亡。你还会了解到鸽子计划的真相：这项计划虽然野蛮粗暴，却也成功了，这个计划就是把鸽子塞进导弹里，让导弹命中目标。还有对同性恋采取的厌恶疗法，本书揭示了这种疗法的荒谬和惊悚，包括在20世纪60年代时，那些精神病学家声称用了4000次电击，将一个同性恋变成了双性恋，你也可以在本书中找到有关这件事情的真相。

虽然心理学科的专业术语层出不穷，但本书对它们各有定义和解释。心理学领域有一个值得注意但没有被深刻理解的重要特性，那就是从心理（精神）——“Psych-”这个词根引申出的各种术语之间的区别。精神病学、心理（精神）疗法、心理（精神）分析和心理学的区别何在？心理学研究心智，在希腊语中，就是研究“思维”的学科；这个术语涵盖了所有的哲学流派，以及事关思维的所有科学探寻。心理（精神）疗法是对心理问题和心理疾病的治疗，并且包括了精神分析和精神病学的方方面面。精神病学是医学的一个分支，专门研究精神疾患，精神病专科医生从事的就是这方面的实际工作。精神分析既是关于心理结构和心理功能的一种理论，也是心理疗法的一种方式。传统上讲，大家都认为很多精神分析师都像精神病医生一样受过培训，所以精神分析师和精神病医生这两个名词经常被混为一谈。

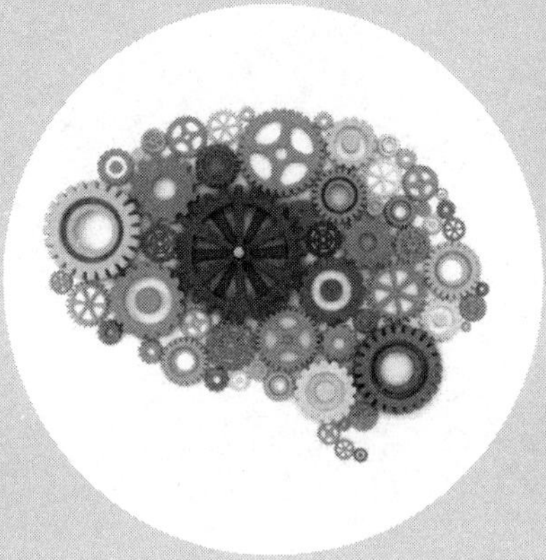

FREUDIAN SLIPS
All The Psychology You Need To Know

第一部分

明明有却看不到，明明没有却有感觉

这些我控制不了的感觉，心理学能解释

看不见的大猩猩

Invisible Gorilla

讲手机，当心“非注意视盲”

有这样一个实验：先把一个人打扮成大猩猩，然后让他中途出现在一段录像中，将这段录像放给实验对象看，在这些观看的人当中，就会出现一种“非注意盲视”现象，而这个人就是那只“看不见的大猩猩”。

在实验中，接受实验的人们被安排观看一段录像，内容是一群学生在传篮球，要求观看者数出穿白球衣的学生进行传篮的次数。令人惊讶的是，大概有50%的人没有注意到录像里那只在周围晃悠的大猩猩。因为参加实验的人们的注意力都集中在录像的某一特定内容上，所以他们无视大猩猩——是实打实的看不见。

“看不见的大猩猩”最早出现于1999年，丹尼尔·西蒙斯和克里斯托弗·沙布里做的一项名为“我们中的大猩猩”的实验 。虽然，早在1959年，通灵师托尼·康奈尔在无意中就演示过非常类似的内容；但是，1999年的实验还是另有所本，它是在一些较早时候的研究基础上进行的——在那些以往的研究中，里面出现了雨伞，但是人们没注意到有人打开了伞。在电影院里，康奈尔扮成幽灵的样子，然后在播放预告片的时候，穿过舞台；随后进行的调查显示，有32%的人说自己什么都没看见。“看不见的大猩猩实验”的一个较新的版本是在2009年进行的，有一个名为“你看见那个骑独轮车的小丑了吗”的研究显示，当人们拿着手机说话的时候，也会出现非注意盲视现象。

2010年，西蒙斯和沙布里在他们最初的研究基础上，继续开展了一项名为“猴子的把戏”研究项目，这是原先实验项目的变种。新录像和旧录像表面看起来没什么明显的区别，观众们就等

着看大猩猩，然后，他们当然看到了大猩猩。但是，几乎没人注意到录像中有两个重要特征发生了改变，一是画面中的窗帘换了颜色，还有就是其中一个球员中途离开了。就算你事先做好心理准备，等着看意料之外的东西，也并不能帮你注意到后两者发生了改变。

猴子的把戏

一个人打扮成大猩猩的样子，他人真有可能注意不到吗？人们的视而不见，只是在意识层面上没有看见大猩猩，但是可能在潜意识层面，他们看到了——我们的各种感官吸收的信息内容，远超过意识层面能够感知到的内容（相关论述，大家可以看看后文中的“鸡尾酒会效应”）。对有些事情来说，比如驾驶汽车和驾驶飞机，“视而不见”会产生严重后果，飞行员的注意力极度集中在目标跑道上，可能会看不到别的重要东西，比如对其他飞机“视而不见”。

木匠环境和缪勒—莱尔错觉

Carpentered Environment and the Müller-Lyer Illusion

画面很立体，其实是错觉

该错觉由两条平行直线构成，其中一条直线的箭头往外指，另一条的箭头往里指。上面这条直线看起来比下面一条要长，但实际上，两条直线的长度完全相等。即使你知道这是错觉，但这种感觉依然存在。

缪勒—莱尔错觉，或者说箭头错觉，这是心理学上最著名的，也是研究最多的课题之一。1889年，一位尚不著名的德国心理学家弗兰兹·卡尔·缪勒—莱尔（1857—1916）首次描述了这种现象。随后，各种解释这种错觉的理论层出不穷，时至今日，连绵不绝。这其中，可能名声最大的要数理查德·格里高利的解释了，他认为这是“先整体后细节”的处理模式产生的效果。大脑中，“较高等级”的功能（比如知识和信仰等）在此发挥了作用，它会强加意义，甚至形成感觉，通过这种功能，对感知到的杂乱信息进行有效的塑造和重新梳理。根据这个理论，意识层面的洞察力就是一堆构想，不仅反应真实情况，也反应我们的预想、偏见和期望。在缪勒—莱尔错觉这个例子中，格里高利认为，我们的潜意识将斜线解读成了视觉上的暗示，就像我们看着一堵墙延伸到远处的角落（下图中的第一个箭头），或者从外面看盒子或建筑物，看着近距离的角落（下图中的第二个箭头）。因为前者看起来更远一些，如果在视网膜上形成相同的距离，那么从逻辑上讲，在现实中，前面的长度肯定也要更长一些。

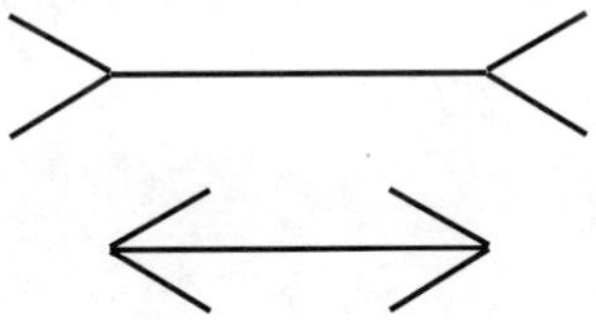

但是，如果用圆弧代替箭头的时候，不管圆弧是处于线条两端的上方，还是下方，也会产生此类错觉，所以，在某种程度上，格里高利的理论就有些不扎实了。原因就是圆圈并没有给出相同的视觉暗示，但是错觉依然存在。另一方面，有一个有趣的发现，就是说错觉的来源，以及产生感觉的过程本身，可能都受到了文化的影响。从这个角度来看，格里高利的理论得到了支撑。南非心理学家威廉·哈德森（1914—　）首次提出了“木匠环境假设”

理论，该理论的大致说法如下：一个人生活的环境中，到处充满了直线和直角的人工建筑（这就是所谓的“木匠环境”），只有来自这样文化背景的人们，才会产生缪勒—莱尔错觉。撒哈拉沙漠以南的非洲地区，有一些部落，比如祖鲁族（zulu）和桑族（san），他们的文化中缺少类似“木匠制造”的人工制品，因此可能他们就无法接收到视觉暗示。显而易见，在缪勒—莱尔错觉中，这种视觉暗示起了作用。有一点是肯定的：在这些文化中生活的人们，不仅无法在他们的艺术作品中，用二维的方式表达三维的立体事物，而且图片中那些直线的含义，他们也无法解读，因此相对来说，他们不容易陷入缪勒—莱尔错觉以及相关的错觉。如果这种说法成立的话，那么关于感觉的本质，还有感觉的形成机制，“木匠环境”就是一个强有力的解释。

鸡尾酒会效应

Cocktail Party Effect

酒会闹哄哄，却能听见有人在小声叫我

在人头攒动的鸡尾酒会上，你正和别人聊天，表面看来，对周遭的喧哗声，你没有在意，然而，当房间另一头的某个人提及你的名字时，你却留心到了。

这怎么可能呢？你正在和身边的人交谈，整个心思都在这上面，而且，身边有十几个谈话圈子，你也没有刻意倾听周围的谈话，况且，远处提及你名字的谈话声音分贝并没有特别高，大家都是差不多的音量。然而，尽管距离远，但是一听到自己的名字，你还是能立刻察觉到，这就是众所周知的“鸡尾酒会效应”，也称“鸡尾酒会现象”，这是英国电信工程师科林·薛利（1914—1979）在1957年提出的术语。

综上所述，我们有了一个明显的推论，就是：你能够听到别人的谈话，而且在某种层面上，你的大脑正在处理相关的听觉信息；换而言之，尽管你自己可能没有意识到，但大脑的某些部位正在倾听其他的谈话。由于在这么多同时进行的谈话中，你无法迅速捕捉哪些谈话会提及你，因此，在未触及意识层面的感觉中，你大概一直在“听”所有的对话。不过，有意思的一点是，如果把那些鸡尾酒会式对话进行录音，然后再让人听的话，这种效应要差很多。这样以来，人们听闻的真实声音，产生了立体感，“鸡尾酒会效应”似乎强烈依赖双耳的这种能力，此外，声调和音质（无论男声还是女声）也同样重要。

对心理学上的感知模式、注意模式和意识模式来说，“鸡尾酒会效应”意义重大。比如，它表明意识具有不同的层面，那么对某一事情，当你没有倾注全部注意力的时候，就可能或多或少在分心。但是，既然是分了心，我们又要实现察觉不到分心的程度，这样的火候如何把握？换句话说，我们并未察觉到自己察觉到了多少，这种情况到了何种程度？

但是，“鸡尾酒会效应”可能并不像上述文字那样听上去头头是道。2001年的一项研究表明：归根结底，这种效应只不过是“心不在焉”。“工作记忆时间长”的人与“工作记忆时间短”的人相比，前者更擅长保持注意力集中，且出现鸡尾酒会效应的可能性要低很多；相反地，在谈话过程中，后者的注意力则更容易涣散，所以他们走神了，有“半只耳朵”挂在别人的谈话上了。自然而然，当谈话背景中提及后者的名字时，他们也就更容易听到。所以，与其说“鸡尾酒会效应”证明了我们可以用一种未触及意识层面的、自发的思维运作方式，听到自己不曾留心的话，还不如说这种效应只不过证明了很多人无法将注意力专注在一件事情上。

感官知觉

除上文提到的，还有一些现象，似乎也证明了以下的观点：就算没有显意识，人们也能进行感官信息接收的高水平处理工作，尤其对盲人来说，更是如此。通俗地说，就是某些人（通常都是大脑受损后）虽然声称自己看不见某些物品，但是可以指出物品的位置。

似曾相识

DÉJÀ VU

有时候，我能预测接下来会发生什么

虽然，实际上是第一次经历某事，但是脑海中产生了以前曾经经历过的错觉，这就叫“幻觉记忆”，DÉJÀ VU在法语中的意思就是“似曾相识”。

这种现象非常普遍，20~25岁的人中间，高达80%的人体验过这种感觉。一般来讲，随着年龄的增长，这种现象逐渐递减。该现象还有其他一些变体，如“已经听过”（déjà entendu）、“已经证实过”（déjà éprouvé）、“已经做过”（déjà fait）、“已经想到过”（déjà pensé）、“已经告诉过”（déjà raconté）、“已经考虑过”（déjà voulu）和“已经经历过”（déjà vécu）。用最后一个变种，即“已经经历过”，或许可以更准确地描绘绝大多数“似曾相识”的例子，毕竟“似曾相识”不仅仅是视觉上觉得熟稔。

通常来说，在某一场景中，“似曾相识”具有一种特别的出尘离世感，但令人混淆的是，这种现象到底是幻想/妄想中不可或缺的一部分，还是可以简单地将这种感受归结为错觉？从你的角度来说，尽管知道不曾真正经历过某事，但是这种错觉太逼真了，以至于你能预知下一步将要发生的事情或者将要说出口的话。

前世的记忆

从其他角度来说，幻觉记忆可以被视为超自然现象的依据。即，那些人心中有了似曾相识的感觉，他们可能记得一些事情，但这些都是属于前生的往事；换句话说，幻觉记忆是生命轮回的依据，或者，通过心电感应，你唤起了他人的记忆；或者，通过某种“超感听觉”，你体验了某种情境，但实际上，你并没有身临其境。然而，上述种种猜测，都无法解释为什么你对某事会如此熟稔？以至于对接下来会发生的事情，你都了如指掌——由此，说明这种现象牵扯到了某种先知先觉的能力。

关于“幻觉记忆”的解释基于一点：你是否相信体验者真的曾经看到过，或者曾经经历过某件事，又或者曾经亲历过某场景？如果你相信体验者曾经经历过，那么需要解释的就是此人的“首次”体验，由此得出推论，“似曾相识”只不过是人们记忆的另一种方式。那些让你感到“似曾相识”的地方或者人，可能你真的曾经去过，或者真的见过，但是回忆不起来了，这种现象就是所谓的“记忆错误”[①]。在精神分析中，“记忆错误”属于防御机制中的一种，可以这样解释：因为最初发生的事情产生了压力，即过去的事情是压力源，所以相关的记忆被压制了。

颞叶癫痫病患者的症状之一就是“幻觉记忆”，有时候，“幻觉记忆”就会招致病情发作。这说明，这样的现象有神经系统病因——换句话说，“幻觉记忆”的确是错觉，而且也不是事先有了相关的记忆，然后才招致发病。现在看来，对于癫痫病，在病理学上的解释应该是：颞叶的不正常分泌，诱发病人对先前记忆的错觉，病人认为现在所处的场景就是记忆中的某一场景，并且/或者还会引起强烈的熟识感。在普通人群中，某些相似的东西也会产生这样的效果，因为大脑中主管“熟悉”的中心区域看到这类东西，会产生异常的波动。

另一种神经学上的解释就是：由于某种原因，大脑的不同部分变得不同步了（如，大脑的左右脑交流出现了短暂的中断），以至于脑子里会突然“迸发”一个念头。因此，大脑将人们完全相同的经历处理了两次，有可能两者之间就隔了一微秒（一微秒=

① 记忆错误（paramnesia），又叫错构症，指把真正的事实与幻想混淆在一起，对记忆进行的歪曲或篡改。

一百万分之一秒——译者注），这一微秒可能就是产生“幻觉记忆”的原因了。

最后，还有一种纯心理学上的解释，叫作“限制性记忆错误”，意思是：这种新的经历确实和某种真实记忆类似，但是这种“真实记忆”几经重构和修饰，早已经是面目全非了，于是大脑启动了一种错误的关联反应。

与“似曾相识”相反的就是“相逢不相识”（jamais vu），后者虽然少见，但也广泛存在。一个人无法认出某些自己本应熟悉的事物，比如走进自己的房子里，却认不出来了。“相逢不相识”的病理表现为无法描述人和事的轮廓，比如“脸盲症”①，就是无法识别人脸，这通常和大脑受损有关。

① 脸盲症（prosopagnosia），是面部辨识能力缺乏症的俗称，又名面孔失忆症、面容失忆症，症状表现为（1）患者看不清别人的脸；（2）患者对别人的脸型失去辨认能力。

解离症和神游症现象

Dissociation and Fugue

哀伤到了极致，反而会变得冷漠

在心理学意义上，人的意图和行动、事件和情绪反应、想法和语言，甚至思维和身体，在正常情况下都具有高度关联性，但是解离症患者在以上方面出现了脱节和离析的症状，总的来说，解离症指的是，患者在记忆、自我意识或认知的功能上的崩解。

正常情况下，思维的功能和思维的其他一些方面是一个整体，比如记忆、意识和认同感；但有些时候，这些部分会各自游离开，各行其是。当然，这种游离情况存在的程度各不相同，有些轻微，有些严重，比如有些人开车的时候心不在焉，完全处于自动驾驶的状态，同时脑子里想着一些与开车毫无关系的事情。还有些人，面对某一件伤心事，或者回忆起某一件心痛往事，本应该感到哀伤，或者应该颇有感触，但实际情况是，他们完全无动于衷。还有些人觉得无法掌握自己的行为，而且，这些人冷漠地看待自己的生活，就像看一场电影那样，似乎他们是从远处看着自己的生活流淌着，并且置身事外，就像旁观者那样看待自己。更有甚者，有些人会忘了自己是谁，也忘了自己从哪里来。解离症属于疑难杂症，同时该病也让人非常感兴趣。如果患上了该病，那么就表明患者在精神意识和身份认同这两方面出现了紊乱。

身体和精神受到创伤或者面对压力的时候，出现解离现象是一种正常的反应。大致上，我们可以认为这是一种防御机制，目的是为了保护“自我/心智”远离那些不堪忍受的感觉。在那些遭遇创伤性事故的人当中，在事故的发生过程中，或者在随后的几天或者几个星期里，大概有73%的人经历了“解离状态”。比如，那些患有“创伤后心理障碍症”的人们，当他们去参加了一个挚爱者的葬礼的时候，有可能发现自己没有伤恸的感觉了，也就是说，他们和自己正常的情绪反应分离开来。一些研究估计，有2%~10%的人有过“解离性精神障碍”的症状。

最离奇和最严重的解离性精神障碍病症要数“心因性失忆症”、“神游症”和“解离性身份认同障碍（dissociative identity disorder，即DID）”。心因性失忆症是一种由非器质性原因引发的失忆症，即病因不是由于身体或生理方面的缺陷引起的，而是由于心理因素，比如压力和情感创伤导致的失忆症。你在电影里看到的失忆症，比如希区柯克的*Spellbound*（中文译名《爱德华大夫》）里的情节，就属于这种类型。这种状况发展到极端就成了神游症，该病症的英文名fugue源自拉丁文，意思是"迁徙"。患上此病的人不仅会遗忘了过去的生活和身份，而且会到远方，用一个新的身份，建立起一种新生活。关于心因性失忆症，特别是神游状态，到底是"真实的"，还是一种装傻充愣？这还真是一个相当值得怀疑的问题。比如，拿一个要破产的男人为例，破产的同时，这个人的婚姻也是麻烦重重，于是他陷入了神游状态，搬到了另一个城市，用一个假身份开始了新生活。他是真的失忆了呢？还是他为了逃避责任而使出的妙招？

DID存在的争议则更多了，解离性身份认同障碍（DID）过去被称作"多重人格障碍"（multiple personality disorder，即MPD）。在维多利亚时代后期，也就是早期精神病学的时代，MPD学说非常流行，其中有些病例非常有名，比如莫顿·普林斯对莎莉·柏洽普的治疗。柏洽普就是1908年的畅销书《人格分裂》（*The Dissociation of a Personaility*）中写到的患者。从表面上看，MPD似乎证明了一点：意识并非整体（即，不存在孤立的自我），而是存在很多支流；当人处在压力之下时，这些支流就会分裂成性格迥异的不同人格。后来，随着弗洛伊德的精神分析学说开始大行其道，MPD理论逐渐式微。精神分析学说认为，当人们的心灵受到创伤，就会产生压力，这些压力会被压制到潜意识层面，而不是变成各种分裂的意识。但是，有意思的是，到了20世纪70年代，MPD学说重出江湖。在那些长期遭受性虐待和身体虐待的人当中，DID患者非常常见，特别是儿童。为了克服痛苦和恐惧，于是患者创造出了新的人格或者分裂出了新的人格。

DID理论的拥趸们还提出一些令人惊讶的证据，比如不同的人格特征需要不同的观察方法，而且这些不同特征还有不同的敏感对象。但是反对该理论的人说，DID可能就是一种“医源性的疾病”（即，医生们臆造出来的病症，然后患者投其所好，将病症套用在自己身上）。“谎话精”式的病人们懂得察言观色，为了讨好治疗师，他们可能满嘴跑马，胡扯出一些新的人格特征。尤其，为了研究DID，治疗师经常使用催眠术，但在另一方面，在催眠的状态下，患者更加容易接受暗示，那么，他们可能更加胡编乱造了。

但是，如果DID和神游症确实是疾病呢？比如，关于极端解离症，在法律和哲学上存在极大的分歧。打个比方，如果一个具有多重人格特征的人犯了罪，那么谁该为此负责呢？只是因为犯罪的人格和其他人格都被困在一个肉体中，那么惩罚了这个人的肉体，也就意味着惩罚了所有的人格，这样做公平吗？那些携带DID病症的人们，他们的灵魂是否不止一个？

梦

Dreams

梦见被追赶——你在预演求生策略

梦就是人在睡眠中看到的图像，或者体验过的想法。通常来讲，梦境中的内容似乎自成逻辑，在梦中的经历好像都有具体的来龙去脉，而且梦的内容通常都带有感情色彩。

对古人来说，梦是一个巨大的谜团，古代的人们相信梦是神灵或者游魂发来的讯息。时至今日，我们依然对梦知之甚少，梦依然是一个巨大的谜团。

不过，有一个事实与大众观点相反：十岁以下的儿童很少做梦，但是成人预计每晚会做四至六个梦，每个梦的时长从五分钟到半个小时不等。醒来后，绝大多数的梦都会被忘记。睡眠过程中，有一个被称为“眼球快速转动期”（rapid eye movement ，即REM）

的阶段，大部分的梦境都发生在这个阶段；同时，在这个阶段，人的身体几乎处于瘫痪状态，但是思维几乎和清醒时一样活跃。

梦的内容千变万化，但是绝大多数的梦境都涉及到了强烈的感情，并且大部分都属于负面情绪，比如害怕和焦虑。最常见的梦境就是被追赶，另外，通常来说，梦中的主角就是做梦人自己，其他角色就是他知道的人或者熟悉的人。

从这些事实来看，对于梦的问题，可以有一些解释，但与此同时，这些解释又与其他规则相冲突。比如，从身体能耗上讲，REM的睡眠阶段“代价很大”，也就是说做梦要消耗做梦者的大量能量，所以做梦现象的存在应该有一个充分的理由，否则，梦的现象就与进化原则冲突了。因为，如果做梦纯属浪费能量的活动，那么在进化的过程中，这种活动早已被删除了。但是，做梦能够起到什么作用呢?

对精神分析学说的理论和临床实践来说，梦占据了重中之重的地位。弗洛伊德曾这样说过，“人们开始解析梦，就是走在了理解潜意识活动的康庄大道上”。同时，荣格也认为，对于集体潜意识的原型问题，梦提供了了解的渠道。根据精神分析专家的说法，对被压制的欲望和未满足的心愿来说，做梦就像演戏；梦通过在潜意识的层面给人提供了帮助，目的是为了帮助“自我”或“本我”应对棘手的问题。说明一点，“自我”和“本我”属于意识层面的思维。不过，如果这种说法正确的话，那么人们为什么在醒来之后，大概99%的梦，又都忘记了呢？如果能记住那些被遗忘的梦，是不是会有更多好处呢？

另外还有一种解释就是：人们通过进化，梦成了一种仿真工具，这种工具让人们能够在一种逼真的环境中，预演各种生存的策略。这种说法可能有助于解释以下问题，就是，为什么在梦中，负面情绪和糟糕的追逐如此常见？因为做这样的梦，有助于人类应对危机四伏和压力丛丛的环境，让人们事前先有机会预演一番。

幻觉

Hallucination

觉得闻到橡胶烧焦，头真的开始疼

在正常情况下，人能够产生某一感觉，都与某个感官从外界获取的信息有关。即使外界的信息并不准确，也并非第一手信息，但可以肯定的是，先有这类“外界刺激”，才能让人形成感觉。如果相应的外界刺激不存在，人凭空就产生了某种感觉，这种感觉就是“幻觉”。

Hallucination（幻觉）一词来自希腊文中的“aluô”，是“在思维中游荡”或“没头没脑地说话”的意思。这个词被用来形容一种心理现象，得追溯到让-埃迪安·爱斯基洛尔（1772—1840）。爱斯基洛尔是一位法国医生，也是精神病学研究的先驱。在19世纪早期，他写下了这样的文字：“一个饱受幻觉折磨的人，或者一个深受幻影困扰的人，即使他们真的相信自己有了某一种感知，但实际上此时，那种能给他们带来某种感觉的外界事物根本不存在。”

爱斯基洛尔将幻觉（hallucination）和错觉（illusion）进行了对比，幻觉是在没有外界刺激的情况下，人产生了感觉；但是在错觉中，是存在某种真实的外界刺激，只不过是人的感觉出错了。

假作真时真亦假

现在，虽然人们把幻觉与人类的某些极端体验紧密联系在一起，这些极端体验包括精神错乱和嗑药后的神魂颠倒，但是，出人意料的是，幻觉其实非常常见，也广泛存在，即使有些人的身心完全健康，也会产生幻觉，高达 10% 的人有过幻觉的经历。如果进一步扩大幻觉的定义，将那些与睡眠相关的现象也包含在内，比如“睡前幻觉”和“半醒状态的幻觉”（这两种幻觉分别发生在“将睡未睡”和“将醒未醒”的时间段），甚至包括人的做梦现象，那么出现幻觉的情况就要普遍得多了。

如果能够罗列出引发幻觉的各种条件，那么在理解“产生幻觉的原因”和“幻觉的运作机制”等方面，人们就能够查找到更多重要线索。比如，有时候，癫痫病患者或者偏头疼患者会产生幻觉，而且经常是在即将发作的阶段。这说明，幻觉就是即将发病的信号。通过这些病例，我们可以看出，幻觉与大脑特定区域活动的集中爆发似乎有关：比如，颞叶与听觉和嗅觉有关，如果颞叶部分的神经元细胞中的电流失控，那么，患者可能就会出现幻听现象，或者嗅觉出现幻觉。偏头疼患者在出现幻觉时，就会闻到烧焦的橡胶味，这说明大脑活动出现异常，这种幻觉就是马上要发病的征兆了。

通过这些病例可以进行以下推论：大脑皮层的某些区域异常活跃，可能是产生这些幻觉的原因。按精神病领域的一般说法就是，如果神经系统的某些部位或环节过于兴奋，或者受到“刺激”，那么人就会出现幻觉。如果大脑中有太多的“声音”，就会令人产生幻觉。这种关于幻觉产生机理的理论，其证据确凿扎实：如果集中刺激人的某一感官，或者用外界刺激让该感官不堪重负，那么人就会产生幻觉；比如在监狱里播放非常响亮的音乐，或者让囚犯们一直困在其他压力源中，囚犯就会产生幻觉现象。

不过，有时候，即使没有外界刺激，或者外界刺激异极低，人也会出现幻觉。比如，有一种叫作“剥夺感官”的实验：在实验中，实验对象的某个感官被剥夺了感知能力，随着实验的进行，这些实验对象会出现幻觉现象。另外，幻觉中还有一个非常奇异的分类，就是与截肢和瞎眼有关的幻觉。截肢者经常会患上“幻肢”综合征，该综合征是一种幻觉，就是截肢者觉得自己被截除的肢体还存在，甚至还能感觉到痒和痛。在盲人和聋人当中，都有病例报告表明有患者出现了视力幻觉或者听力幻觉（幻视或幻听）。几乎可以这样理解，此类现象就像大脑在进行“自我弥补”——用那些“本应”有的感觉来补偿“事实上没有”的感觉。比如，“查尔斯·班尼特综合征”就是一种视力幻觉，主要发生在那些患上视力退化病症的老年人身上。一位18世纪的自然科学家，他用自己祖父查尔斯·班尼特的名字来描述该病症，因此将该病命名为“查尔斯·班尼特综合征”。该病的特征是人眼里会出现异常的景象，比如看到别人梳着奇怪的发型，或者戴着奇怪的帽子。通过这些病例，我们得出幻觉的原理大概是这样的：虽然人的正常感知渠道没有受到足够的刺激，按理讲，就不应该产生感觉，但是大脑会自行采取“补救措施”，从内部让人产生了某种感觉，这种感觉就是幻觉。

在大部分情况下，尽管那些幻觉看起来栩栩如生，但是患上查尔斯·班尼特综合征的老人们能够知道这些都是虚幻的场景。有时候，这类“你知道这是幻觉的幻觉”被称作“伪幻觉”。与此相反的是，对有些精神病患者来说，即使事实已经证明这些场景不可能是真实的，他们也可能会坚持认为自己的幻觉是真正存在的。在精神病患者中，似乎普遍存在某些幻觉，于是这些幻觉就成了判断病情的症状。比如，有患者说“听到各种声音”，那么医生对患者和及其行为，就可以做出“幻听”的诊断了。有时候，精神分裂症患者或者躁郁症患者会出现幻听现象，似乎自己内心深处的想法被大声嚷嚷出来了。在这些想法中，有些是他们正在想的念头（这被称作“Gedankenlautwerden[①]”），也有些是延后的回音（想法的回音）。

其他引起幻觉的原因还包括：睡眠不足、处于被催眠状态、神情恍惚，以及药物作用。很多传统的迷药，比如裸头草碱（psilocybin）、LCD、墨斯卡灵（mescaline）、印度大麻（cannabis）和麦角胺（ergotamine）等，这些东西似乎都能促使神经传递素大量分泌。接着，神经传递素发出大量脉冲信号，使得人的感知处理系统处于超负荷运转状态；这样一来，人就处于了一种感知失调的状态。显而易见，此类药物通过这样的过程，戏弄了人体的工作机制。与此相对应，有时候，这类药物也被称作“致幻剂”。

① 德文中这个名词就是指一个人能听到自己思维的声音，他认定这声音是自己的声音。

错 觉

Illusion

认知系统抄快捷路径，加快处理感官信息

错觉，是指人对某一外界刺激产生了错误的解读，这个外界刺激可以是某一个形象或者某一个声音，或者这个外界刺激令人产生了错误的感知。

尽管错觉和妄想、幻觉有类似之处，但三者其实是不同的。错觉本身不只是个有意思的话题，在心理学上也相当有价值，因为它揭示了感知的过程。

理查德·格里高利（1923—2010）是该领域的领军人物之一，他将错觉分成歧义、扭曲、悖论和杜撰等不同的类别。还有一种更加简单的分类方式就是：某一错觉是否由周围环境的性质造成（环境错觉），是否是人的感知系统出现生理问题（感知错觉），大脑的神经系统是否出现问题（神经错觉），以及是否是思维方式出现问题（认知错觉）。

比如，把一支铅笔放进一个有水的杯子里，然后你看这支铅笔，由于水的折射作用，你会觉得它变得扭曲了。可能任何动物看到这支铅笔，都会产生这种错觉，另外，就算拍照的话，铅笔看上去也是扭曲的。这就是“光错觉”的一个例子，即，由于刺激物经过光学作用或者本身具有的光学特性，令人产生了错觉。比较而言，“缪勒—莱尔错觉”（见前文）的范围就不同了，因为所有的人，甚至动物都会出现“光错觉”，但是动物没有“缪勒—莱尔错觉”，甚至不是所有的人都会出现缪勒—莱尔错觉。缪勒—莱尔错觉似乎是根植于文化的透视规则，当人盯着一幅色彩斑斓的图案的时候，会对有些色彩视而不见，这是由于视网膜上的色素细胞的生化特性发挥了作用。这些色素细胞竭尽全力地“捕捉”不同的颜色，并且由此形成对图案的知觉。虽然其他颜色依然存在，但是眼睛已经无法接收其信号了。

另外还有一种划分视错觉的方法是：几何错觉、光线错觉和形象错觉。最后一种“形象错觉”可以用语言上的“语义混乱”与“语法混乱”进行类比，可以说是一种“形象混乱”。形象错觉的例子很多，包括了那些让人糊涂的图像，比如非常有名的“兔子/鸭子”和“干瘦枯槁的老妪/年轻时髦的贵妇”等图像。看到这些图像的时候，人的视觉感知在两种解读中“蹦来蹦去”。在奈克方块

（Necker cube）中，也能看到这种情况，观者既可以将其看成逐渐消退的形象，也可以看成是渐渐凸起的形象，这种错觉被认为是一种体现了大脑的“自上而下”的工作流程（通过眼睛得到的信息，大脑在处理这些信息的过程中，会采用两种方式。一是“自下而上”，这个过程始于视网膜的细胞，细胞识别明暗、边界，以及其他简单特征等各种信息，然后大脑根据各种信息，形成了感知。第二种是“自上而下”，在这个过程中，则是大脑先开启一种模式，然后将得到的信息填充进去）。

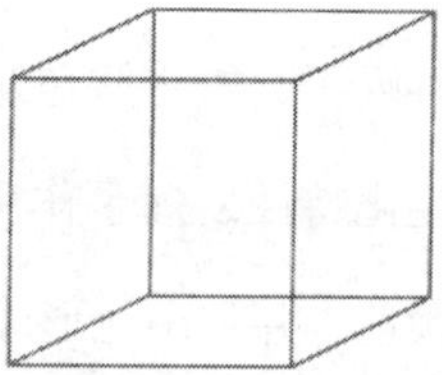

电视和电影的工作原理就是基于“连续动作”的错觉，即，当人们看到那些连贯的、略有不同的静态形象的时候，大脑会自动“补充”那些空缺的动作。这种工作机理和“视觉残留”还不大一样，这点和大家的普遍认知是相反的。“西洋镜”的工作原理就是利用了“视觉残留”产生的错觉，所谓“西洋镜”就是两边有不同图片的一张圆盘，如果你转动得足够快的话，就会同时看到两张图片，因为一个形象要从你的眼中消失，需要1/20秒的时间。在第一个形象消失前，你已经看到第二张图片了。

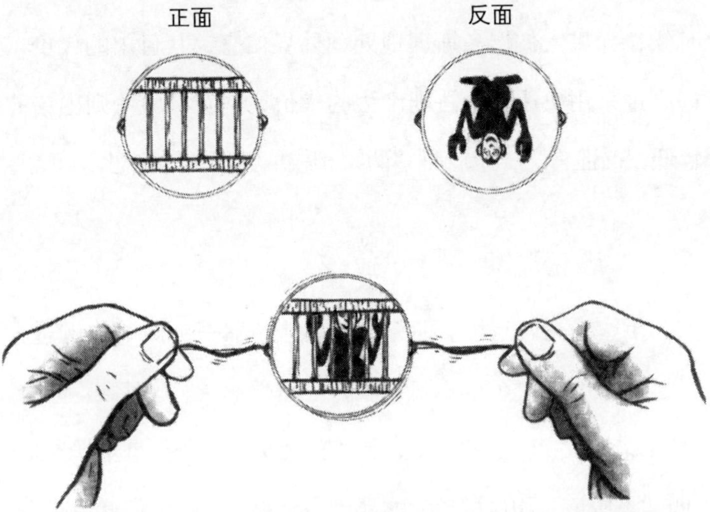

为什么我们这么容易出现错觉呢？可能是因为从本质上讲，感觉是一种探索能力——人类为了将感知到的信息尽快地转变为意识层面的感觉，于是我们就在各个认知过程中抄了捷径，也就是说，人类的感知功能采用了经验法则。通常情况下，这种经验法则都挺管用的，而且很大程度上，也都是准确的；不过，通过这样的方式来处理原始信息，也有一个副作用，就是信息在大脑各个流程的处理过程中，不可避免地会产生各种纰漏。比如，格里高利估计，从眼睛到大脑的过程中，也就是先通过视觉感知到了原始信息，最后到大脑形成了感觉；在整个过程中，有高达90%的内容流失了。从进化的角度看，这其中的道理非常简单：当人们面对一个模糊的信息，这个信息有可能是一堆无害的灌木丛，也有可能是一只长着锋利牙齿的老虎，准备向人扑面而来，那么，这时候，如果人们慢条斯理地处理外界信息，其付出的代价，要远远高过采用快速经验法则产生的代价，毕竟经验法则出错的概率较低，简而言之，也就是“两害相权取其轻”的意思。

感觉混乱

所有的感觉都有可能出现错觉。举一个简单的例子，拿两个物体，它们的重量相同，但体积不同。这时候，就会产生错觉了：较小的那个，让人感觉更重，可能是觉得这东西“不应该”和体积较大的那个一样重，于是人们就会产生一种补偿心理，就有了“小的更重”的错觉。如果某人将一只手浸在冰水里，另一只手浸在热水里，然后将两只手都放入同一盆水中，两只手对热度会产生不同的感觉。还有，比如人尝了盐之后，再尝水的味道，可能觉得水是酸的；但是尝过糖之后，可能觉得水是苦的。在人的手臂上，找一条直线上的三个点，每个点相距十厘米，在这三个地方各拍五下，于是，人就会感觉好像有一只兔子沿着手臂连跳了十五下，这就是有名的“皮肤兔错觉”。但是，到目前为止，大部分错觉的研究都是关于视觉错觉的内容。

恐惧症

Phobias

不管怕什么，怕到引起眩晕就算恐惧症

人对某一件事情、某一地方或者某一场合，感到极度恐惧，远远超出了合理的范畴，就属于恐惧症。

有时候，人的有些恐惧心理与一些看上去真正可怕的东西有关，比如蛇，或者自己被别的东西吞噬了，但恐惧症的要点是：即使没什么危险，或者没有真正危险的时候，某些东西也引发了焦虑。比如，大部分人都知道，当人看着一张蛇的图片的时候，这张图片本身并不能伤害他们；但是，患有蛇恐惧症的人，看到蛇的图片都会变得心烦意乱的。

根据英国“国家恐惧症研究学会”的说法，在英国最常见的八种恐惧症（按降序排列）：蜘蛛恐惧症、社交恐惧症（害怕与他人见面，或者害怕参加公共活动）、晕机恐惧症、广场恐惧症（害怕人群，害怕公共场所，害怕离开安全的地方）、癌症恐惧症、雷电恐惧症、死亡恐惧症，以及心脏恐惧症（害怕心脏这个器官，也害怕心脏发病）。有意思的是，幽闭恐惧症，就是有些人在封闭的空间，会出现超出常理的恐惧，这种病症居然没有能够上榜，尽管在生活的某种层面上，十个人中就有一个人犯过这种病。这也就说明了，其他那些恐惧症肯定非常常见了。比如，1%的人饱受广场恐惧症的折磨，不过广场恐惧症发作程度较轻的人，可能达到了1/8。

可怕的蜘蛛君！

在西方社会，蜘蛛恐惧症可能是最常见的恐惧症了，但在世界上的其他地方，包括一些有毒蜘蛛出没更频繁的地方，这种恐惧症却比较少见。为什么蜘蛛恐惧症具有这种文化上的特性呢？有一种猜测是，这与传统上人们对蜘蛛的理解有关，一路追溯回中世纪的欧洲社会，当时的人们普遍相信“蜘蛛会散播瘟疫”（但这是一种被误导的认知）。

另外，有证据表明，有些恐惧症，或者恐惧症的某些方面，可能存在人的器质性的问题。比如，另一个常见的恐惧症，也没有排上八大恐惧症排行榜的，就是恐高症——怕那些高的地方。

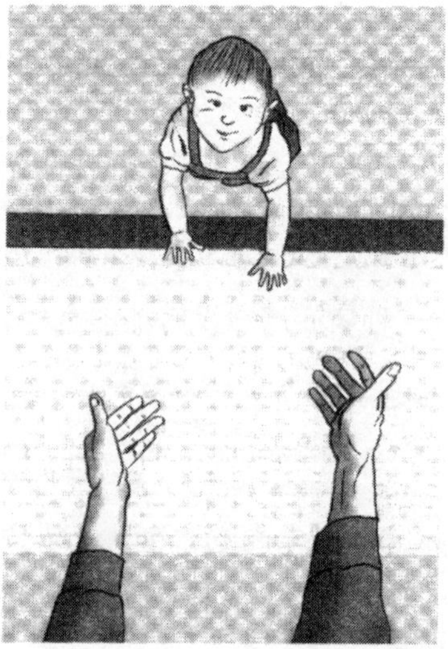

人们很容易混淆恐高症和眩晕；恐高症和其他恐惧症的症状之一，常常就是出现某种形式的头晕，而且人的身体会失去平衡。有一个著名的实验，是在儿童身上进行的，就是“视觉悬崖”实验，该实验表明：在我们的生命中，都会竭力躲避陡峭的悬崖，这种迫切的心理是何等根深蒂固。实验人员将刚学会爬的婴儿们放到一张桌子上，桌面上放置着玻璃，所以会令人产生视错觉，以为某个地方就到桌边了，再爬过去，就要摔下去了；婴儿们都会拒绝爬过“悬崖”的边界——从来们没有人教过他们，但他们都懂得要逃开悬崖。可能，人类经过进化，对这类场景，会有一种天然的害怕心理。人们用高科技技术营造出视觉上的悬崖，也就是所谓的“虚拟悬崖”，实际上还可以用来治疗恐高症——有实验表明，采用模拟真实情境的护目镜，让人产生站在悬崖边的真实感觉，可以帮助患者克服对高处的恐惧感。

有些恐惧症可能是致命的。注射恐惧症，就是一种极为普遍的恐惧症，至少1/10的人受其影响；该病症会使得血压急速收缩，引起晕厥，出现这种反应后的死亡率，至少高达23%。

睡眠瘫痪症

Sleep Paralysis

鬼压床？才怪

有些人在即将苏醒或者即将入睡的时候，也就是并非真正睡着的时候，发觉自己无法动弹，这就叫睡眠瘫痪症①。

因为睡眠瘫痪的情况都是发生在半睡半醒之间（就是在即将沉入梦乡和即将苏醒之际，这时候，意识会经历一种转换过程），同时，还伴随着“视听幻觉”，“存在物幻觉（即人感觉到身边出现了某人或者某物，但是自己看不见）”，此时，人会感到非常害怕和焦虑，感觉自己已经脱离了肉身，漂浮到了空中，还会产生窒息感，外加（或者）感觉到胸口有千斤重。

① 睡眠瘫痪症，在民间被俗称为“鬼压床”或“鬼压身”，在午休和晚间睡眠时都可能发生。其实，这种情形跟鬼怪根本无关。

如果以上开列的这一系列症状，似乎与某些诡异和超自然体验有类似的地方，比如外星人绑架、午夜女巫来访、梦魇、妖孽托梦等，那么这可能并非巧合。苦主躺在床上，感觉自己醒了，但是无法动弹；他感到身边有一个外星人，但是无法看到对方的样子，这个外星人满怀恶意地观察他；苦主还听到奇怪的嗡嗡声，还有杂乱无章的噪音，他看到一道亮光，而且胸口被压得紧紧实实的；他开始向空中飘浮，然后不知道怎么回事，他就穿过了一道墙，接着经历了一趟飞碟之旅，这趟旅程的经过栩栩如生、历历在目；再然后，他发现自己躺回了床上，浑身颤抖，但是并没有确实的证据表明自己曾遭俘掠。整个过程恰如其分地描述了一场“睡眠瘫痪”的经过。

由于文化上的原因，也就是说大家熟知科幻小说，也都有听到过UFO传闻，于是这些内容经过七拐八拐的折射，就成了睡梦中的一次外星人绑架事件了。在更早时候，人们也有过类似的感受，都与可怕的妖魔鬼怪有关，比如梦魇，睡觉的时候，人感觉到有一个可怕的东西坐在自己的胸口，自己被这个东西压得严严实实的，简直要窒息了（亨利·菲斯利在其名画《梦魇》中，对此有过生动描绘）。或者，人们在睡梦中，见到了媚艳的女妖和精壮的男妖，这可是一对好搭档——这些鬼魅夜晚潜入人间，跨坐在苦主的身上，偷取他们身上宝贵的体液，也就是说女妖男妖各自采阳补阴。

令人惊讶的是，“睡眠瘫痪”这种现象非常常见，在正常人当中，至少有四五成的人都曾出现过这种情况。另外还有一小部分人的日常生活，被这个问题深深地困扰着。在嗜睡症患者中，这种情况更加常见。所谓嗜睡症是一种与“白天瘫痪现象（或称猝倒症）”有关的一种病症，17%到40%的嗜睡症患者会经常出现“睡眠瘫痪”的情况。

脊髓阻滞

人们相信“睡眠瘫痪”的产生，是由于在“眼球快速转动期（REM）”，一直保持着“肌肉麻痹”状态，于是导致了某种半梦半醒的状态。“肌肉麻痹”是一个临床术语，指的是骨骼肌的麻痹状态。在睡眠的“眼球快速转动期”，就会出现“肌肉麻痹”状态，所以人不会根据梦境采取行动。

大脑较下端有两个部分，一个是“亚兰中心区”，一个是“马格中心区”。这两个区域会阻止脊髓神经激活骨骼肌，所以那些进入REM睡眠状态的人，只能呼吸、转动眼球以及握紧拳头和紧绷脚趾，但无法采取其他动作。“睡眠瘫痪”的反面可能就应该是“眼球快转期行为失调症”，该病症指的是在REM期间，人体的“肌肉麻痹”状态失效，于是人们就可以根据梦境采取行动，于是就导致患这些病症的人们出现“梦游”和其他各种可能带来危险的行为了。

通 感

Synaethesia

有颜色的声音、看到脚产生性欲

通感一词源自希腊文，又叫作“联觉”，意思是“各种感官都参与的感受”。通感是由于某一感官受到了某种触动，本来只是该感官有感受，但是由于这种触动，却引发了人的另一种感官的感受。

通感类型中，数字与颜色的通感是最常见的，比如，“五”可能意味着“红色”，“二”可能意味着“绿色”。另一种常见的类型是“听觉—颜色通感”，就是说声音，特别是音乐调子，可以令人产生看到颜色的感觉。较少见的形式包括“味觉—形状通感”，还有“触觉和味觉通感”。通感是单程的，比如在数字—颜色通感中，数字能让人产生颜色的感觉，但是颜色不会令人产生数字的感觉。另外，通感的标志就是两种感觉之间保持稳定的呼应；换句话说，一个感到通感的人，比如，他每次看到“五”就会想到“红色”，即使过了很多年以后，再问他，他的回答还是一样的。

在科学界，人们对这种神奇现象产生兴趣的时间，可以追溯到19世纪晚期，其中最有名的要数弗朗西斯·高尔顿的研究，他在《对人类能力及其发展的诘问》（*Inquiries into Human Faculty and Its Development*）一书中，描述到了通感这个情况。高尔顿的推论是：这属于遗传现象，因为似乎在某些家族中，其成员很容易会出现这种情况。而且，现在人们也认为通感具有基因基础。一直以来，根据估计，在人群中，通感存在的比率大概万分之一到千分之一，但是一项较近期的研究表明，这种现象很普遍，大概200个人当中，就有一人存在这种现象。那些与生俱来就拥有通感本领的人，据说随着逐步成长，通感也会发育发展。另外，有些人或许原本没有通感，由于大脑损伤，以及药物作用，也会出现通感现象。声称自己拥有通感的人当中，女性比男性多六倍，但是这个数字可能无法反映真实的性别比率，实际的情况远远不止六倍。

在文学作品中，关于通感的记载，可以追溯到最早的书面作品。比如，在荷马的作品中，对蝉鸣的描写，是将其比喻成“如百合花一般”；还有在描写奥德修斯说话的时候，说他的那些言辞如“冬天里的雪花”。亚瑟·兰波的十四行诗《元音》的开篇“A是黑色的，E是白色的，I是红色的，U是绿色的，O是蓝色的……”，这大概是最有名的通感作品了。但是这些文学辞藻仅仅只是采取隐喻手法的例子吗？事实上，通感到底是人的一种真实的感官现象，还是一种精神虚构现象？另外，如果它属于精神虚构现象，那么是否与各种长盛不衰的隐喻方式有关？或者说通感只是人在学习过程中，产生的连带现象？

关于通感是一个真实的感官现象的说法，是有依据的。这个依据来自一项测试，在这个测试中，让测试对象看一张图：在这张图中，有一个由“2”组成三角形被放置在了由“5”组成的背景中。没有通感能力的人觉得要识别出那些数字2，真是相当困难，因为它们被混淆在了“5”当中，更别提认出由“2”组成的图形了；另一方面，具备“数字—颜色”通感能力的人，他们轻而易举地就认出了图形，就像在一个红色背景上找出了一个绿色的三角形——他们比起普通人，完成这项任务的速度快得令人瞠目。

通过不同的测试还揭示出了一点，就是在不同的通感之间，还存在一些非常有意思差别。比如，具备“数字—颜色”通感能力的人当中，有些人只有看到阿拉伯数字才会有感觉，罗马数字对他们不起作用；与此同时，另外有些人，不管哪种数字映入眼帘，他们都会有感觉——有时候，甚至只要是有规则排列的东西，都会触动他们，比如说星期中的日期排列。显而易见，在两种类型中，通感是在思维过程的不同层面中进行运作，由此带来了不同的结果。

通过大脑显像，我们可以看到，在大脑中，一般的通感配对

（比如数字和颜色）的工作区域都是相邻的，这说明具备通感能力的人是遗传了某种基因，大脑中有些区域之间本来一般是没有联系的，但是该基因通过某种方式将这些区域联系起来了（倒推回来，就可以说明“恋足癖”可能就是通感的某种形式，因为在这种癖好中，牵涉到了脑内对脚部和对外阴产生感觉的两个触觉感受器，在大脑中，这两个感受器刚好处于相邻的位置）。最具可能性的解释是：大脑在早期发育过程中，某些基因扰乱了大脑的塑形进程，包括各种感官本来要在神经上进行分离，但是分离过程被干扰了。现在已经有证据支持这种“神经塑形”理论，就是很小的婴儿可能具有某种通感能力。比如，实验人员将有纹路的或者光滑的奶嘴塞进他们的嘴巴里后，再给他们看图片，然后人们发现小宝宝们更喜欢那张和自己嘴巴里同材质的奶嘴图片——不知何故，他们会比较讨厌和嘴里的不一样材质的奶嘴。换而言之，他们具有某种“视觉—味觉”通感。

那么，通感不止是一件稀奇的玩意儿吗？在具备艺术感和创造性的人群中，通感现象更为普遍，这说明引起通感的基因能够生存下来，可能是因为它具备某种进化上的优势。有可能，所有人都具有某种能力，通感只是这种能力的极端形式。人脑如果要在抽象概念之间建立联系，以及要在概念之间建立抽象的联系，那么其基础就是通感能力。通过对通感进行研究和阐述，我们对比喻能力和抽象思维的进化，有了非常多的了解。甚至可以说，虽然意识的基本原理到现在还是一个谜团，但是通感带来了一丝解开谜题的曙光。西蒙·贝伦—科汉是研究通感的领军人物之一，他也是一位心理学家。他说过，“通感可能会告诉我们，如果有些人的大脑神经的布线方式与众不同，那么他们就会出现感知被改变的情况。而且，不同的基因可能会带来不同的感受方式，由此让人产生了不同的主观感觉。”

FREUDIAN SLIPS
All The Psychology You Need To Know

第二部分

算命、自卑、安慰剂、读心、光环效应、妄想……

当事人令大部分人不解的行为，你能解释

认知失调

Cognitive Dissonance

同样的工作，待遇较差的人反而觉得有意义

一个人的心中同时存在彼此相反或者互相冲突的两种认知，这种认知包括信念、想法或者见识等；由此引发的精神紧张，就是所谓的认知失调。

美国心理学家里奥·费斯廷金（1919—1989）是认知失调理论的核心人物，他通过自己的具有里程碑意义的研究，清晰地阐述了这个问题。1956年，他在《当预言落空时》（*When Prophecy Fails*）一书中，写了这么一个故事：有一帮狂迷UFO的信众们，他们相信大洪水迫在眉睫，但是外星人的飞船会来拯救他们这些真正的信徒。当这个天启的预言无法实现的时候，这些狂热信众依然振振有词——他们声称是因为他们的信仰，改变了即将发生的事情，于是变得比以往更加虔诚了。这是费斯廷金在他的理论中已经预测到的结果。该理论认为，当发生认知失调的时候（在这个案例中，相信外星人要来，而实际上外星人没有来，这两种情况就发生了冲突），为迎合实际情况，人们改变了自己的说辞（本案中，外星人没有现身，于是信众们就想出了一个自圆其说的解释）。

认知失调属于一个涉及范畴较广的理论，该理论认为：获得认知协调的渴求，是人类心理的主要驱动力之一；而这些主要驱动力除了追求认知协调外，还有克服饥饿、追求性满足等。失调状况的出现说明这是一种反馈机制，目的是有助于保持认知和行为的一致性。在人们的各种认知中，当出现了矛盾状况的时候，这种矛盾会反过来刺激人们采取行动，以减少矛盾。要达到这个目的，有三个办法：改变其中某一种认识（可能会变成“言行不一”）；对那些不协调的认知，明确地削弱其重要性（举个例子：我刚刚放弃了长期以来关于X的观点，但这无关紧要，因为X根本就无足轻重）；再加上/或者第三个办法，就是补充更进一步的认知（比如合理性或者可以作为理由的论据）。

从认知不协调理论中，还引申出另一个预测：为了避免出现不协调的情况，从一开始，人们就会采取行动去过滤并控制自己的认知，比如不去阅读某些文字或者收看某些节目，因为这些文字或节目可能会动摇他们已有的信仰和偏见。因此，这个理论就解释了为什么美国的自由派人士更喜欢看《每日秀》（*The Daily*

Show），乐于从这档节目中接收资讯，而保守派人士只看福克斯台的节目。

认知失调理论在社会心理学领域产生了极大的冲击，其中一部分原因在于，通过该理论做出的一些预测，可以通过实验进行检测正确与否；另一部分原因在于，有些实验结果让人觉得饶有兴致，并且与人们的直觉相反。比如，在1959年，费斯廷金和他的同事们做了一项实验，这项实验的结果显示，认知失调的强度和由此产生的认知修正行为，与压迫的强度有关——此处的压迫指的是“强迫相关人员陷入一种失调状况的各种因素”。他们让学生们去完成一项既困难又无聊的任务，然后付给这些学生1美元或者20美元，接着让他们去忽悠别的学生——说这项任务挺有趣的。之后，那些拿到1美元报酬的学生们改变了对该任务的看法，并说服自己相信这项任务有意思；换句话说，他们拿到的工钱越少，就越乐意自己骗自己。这就是众所周知的“以少致多效应”，也被称为“负激励效应”，这种情况和传统的“强化理论”背道而驰。传统的强化理论假设人都是理性的，强化理论认为，我们不喜欢那些给自己带来痛苦的事情，然而，认知失调理论认为：我们说服自己相信吃得苦中苦更有好处，用这种方法来给苦难找到开脱的借口。换一种说法，这种思维方式就是把大家都熟知的“商品理论”套用在人的身上。商品理论认为：商品或产品一旦被赋予了附加成本，就会被视为更有价值；套用在人身上，就得出了这样的结论：

人要是遭罪遭得越大，就越是一件好事。

然而，认知失调的概念也一直受到诟病，人们批评它模棱两可、含糊不清。根据心理学领域的一个思想流派的说法，认知失调只不过是心中有愧罢了。

心理防御机制

Defence Mechanism

被骗不承认被骗，做坏事是因为大家都做

为了保护意识层面的思维，使其处于安全地带，远离那些会引起焦虑或不适的想法和感受，人们的潜意识会采用某种思维模式，或者进入行为模式，这就是心理防御机制。

虽然一开始，防御机制是精神分析学派在学理上使用的术语，但是通常来讲，在精神治疗的实践中，该术语受到广泛的认可。弗洛伊德是提出该术语的第一人，他将防御机制描绘如下："自我"（意识层面的自我）对抗"本我"（在潜意识里，各种冲动莽撞、各种不可告人的动力和欲望组成的集合体）采取的各种保护措施。防御机制可以被描绘成某种形式的压制，也可以被解读成是对抗"认知失调"的策略（见上文）。弗洛伊德提出，如果防御机制运作失当，就会转化为神经衰弱症。

从否认到升华

弗洛伊德和他的女儿安娜（1895—1982）一起描述和探究了防御机制的各种类型，特别是安娜，在她的《自我和防御机制》（*The Ego and the Mechanism of Defence*，1936年出版）一书中，更是详细地论述了防御机制。其中有些说法在如今的心理治疗中依然大行其道，并且在大众文化中流播广远。

- 否认：面对某种令人不舒服的感受或者令人不快的真相时，最直截了当的办法就是否认，比如恋情结束后，被甩一方总会表现出好两人的关系仿佛尚未终结。

- 合理化：事情败露后，为自己的行为或者观点找借口，比如有些吸毒人员被抓住后，会辩称是因为别人都吸，所以自己不得不吸。

- 推诿：将自己负面情绪或者孤僻执拗等负面性格都推诿到别人头上，比如一个悍妇欺负人，她反而去指责是因为对方太泼辣，所以自己不得不奉陪。

- 压制：在精神分析领域，压制就是指将各种糟糕的感受或者各种疑虑都驱赶到了潜意识中。某种程度上讲，所有的防御机制都是压制措施。

• 取代：将针对某种情境的不适感受转移到另一个情境中，即“替代场景”，比如将工作上的压力发泄到家里。在精神分析中，有些人和像自己母亲的女孩结婚，以此取代心中的俄狄浦斯情结（恋母情结）。

• 退化：人的行为或想法退回到了成长的早期阶段，特别是回到了童年，因为小时候的生活更简单，麻烦也少得多。比如，如果别人批评你，你就乱发脾气；或者面对焦虑时，你会紧紧地抱住一样旧玩具。

• 升华：给心理压力找到更合意的宣泄渠道。比如，弗洛伊德据此进行推论，认为画家塞尚就是升华了自己的性欲，才拥有了恣肆的创作精力。关于艾萨克·牛顿，也可以做出类似的推论。

斯德哥尔摩症候群

Stockholm Syndrome

被劫持，竟然替劫匪辩解

那些在绑架、劫持人质或者相关事件中的受害者，逐渐变得认同和同情那些劫持他们的人，这种情况就是“斯德哥尔摩症候群”，即斯德哥尔摩综合征。

1973年，发生了一起瑞典银行围捕案。在该案中，有两个男人占据了斯德哥尔摩的一家银行，并且挟持了四名银行职员作为人质；他们在一间3米×14米保险库里待了五天半。劫持者和人质被困一个狭小的空间里，时间长达131个小时。后来，有关部门惊讶地发现，这些人质明确拒绝官方解决此次劫案的各种努力，而且这些人质还替劫匪的行为辩解。

后来，其中一名女人质甚至解除了本来的婚约，还和原先绑架过她的劫匪谈起了恋爱；在该劫匪坐牢期间，她一直他和保持着恋爱关系。另外四名人质也全都拒绝指证劫犯，甚至还为他们筹款请律师辩护。

迷惑不解的心理学家们用弗洛伊德的术语，将这种行为归纳成了一种“防御机制”，即，通过这种方式，人质们在面对迫在眉睫的死亡威胁的时候，他们缓解了恐惧感，另外他们对攻击者表现出积极的感受，并且认同后者的所作所为，也减缓了人质们因为无能为力而产生的沉重压力。按精神分析理论的说法，人质们认同攻击者的行为，就是一种保护机制——人类通过这种机制，将外界敌对力量进行心理内化。由于外界敌对力量令人非常焦虑，简直不堪忍受，人质们内化将这种力量后，可以缓解焦虑。举例来说，深陷“俄狄浦斯情结”泥淖的男孩们，他们苦苦挣扎，于是他们将具有威胁力量的父亲形象内化成了“超我”，接着，男孩就开始认同父亲的价值观了。再回到斯德哥尔摩综合征的问题上，对人质们来说，当他们和劫匪站在同一边的时候，可能会感到重新获得了一些掌控力量；与此同时，他们心中又怕又气，虽然充满憎恨，却又无能为力，就产生了紧张感，于是在他们认同劫匪的做法的同时，也能缓解这种紧张感。

FBI的研究表明，一直以来，斯德哥尔摩综合征被过分地夸大了，因为这类内容实在适合媒体嚼舌根，也是一种被民间乐意接受的说法，而实际上，这种情况极为少见，通过调查，92%的人质没有表现出该病症的迹象。FBI还说，要引发斯德哥尔摩综合征，需要很多先决条件：人质们必须害怕被撕票，而且他们得坚信自己能活命要归功于绑架者的仁慈，并且以由此产生了感恩的心情；另外，人质和绑架者必须长时间地近距离接触，并且与外界隔绝；最重要的一点是，绑架者必须和颜悦色地对待人质，而且不能进行肉体上或者心理上的虐待和摧残。

说到最后一点，不得不提斯德哥尔摩综合征的另外一个病例，这个例子有很明显的特征，也是该病症最有名的一个病例。1974年，一个左翼的城市游击队组织“共生解放军”（Symbionese Liberation Army，简称SLA）绑架了一名报社的女继承人，也就是十九岁的帕蒂·赫斯特。几个月后，有明显迹象表明，她化名“塔尼亚”，加入了该圣战组织，成了该组织的一员，并参与了一次银行劫案。后来，她声称遭到了SLA成员的性虐待和拷打，随后，这个案子成了斯德哥尔摩综合征的一个经典病例，并广为人知。有时候，这个术语适用于那些遭到家人虐待的受害者，这些受害者会出现类似的行为，比如拒绝与司法部门配合，为加害者提出保释请求，要不然就是受害人饱受虐待后，但依然对加害者忠心耿耿。

自卑情结

Adler and the Inferiority Complex

自卑感是向上动机，自卑情结不是

阿尔弗雷德·阿德勒（1870—1937）是一位对心理学和教育学感兴趣的医生，弗洛伊德邀请他加入了维也纳精神分析学家的圈子。

曾经有一段时间，大家都认为阿德勒肯定要继承精神分析学派的衣钵。但是，弗洛伊德坚持认为“性”是心理中占据统治地位的动力，还有，他认为人的心理模式取决于以往经历，其中主要就是其在婴儿时的早期经历。但是，阿德勒很快发展出了自己的理论，与弗洛伊德渐行渐远。

阿德勒相信，人们心中真正的动力是权力，特别是人与人之间的权力关系。比如，他提出一个人在兄弟姐妹中的排行位置，在性格形成过程中，具有举足轻重的作用，这个理论很快就被普通民众接受了，并且多少有些改头换面，成了大众认可的心理知识了。阿德勒提出的很多概念都经历了相同的命运，其中最典型的要数“自卑情结”学说了。

事实上，每个人都无可避免地有一些自卑的感觉。阿德勒洞悉到了其中的机制：这类感情可能是人类诸多心理和行为背后的原动力，特别是在性格形成的童年时期，为了弥补、适应或者克服自卑感，人们在心理上付出了各种努力，最终形成了某种机制。比如，一个孩子觉得自己个头比别人弱小，那么他可能就会一直进行体育锻炼，以此来克服自卑感；或者他远离所有的体育活动，最后变成了一个书虫。阿德勒引用了古希腊德摩斯梯尼的著名故事，来说明这个问题：德摩斯梯尼是古雅典人，他小时候有语言障碍，为克服这个缺陷，他将石头含在嘴里，以此进行训练，最后成了著名的雄辩家。

普通的自卑感觉会引发各种情愫和念头，如果这些感受被压制，并且被驱赶到了潜意识的领域，那么就可能变成自卑情结。所谓情结，用精神分析学说的术语，就是潜意识里的欲望、想法和感受在意识层面的表现，通常都表现出不健康的或者无助的状态。有一种通常意义上的自卑感，也有一种到处扞格的自卑情结，在这两者之间，阿德勒仔细地划出了界限，但是普罗大众的认知中，这种界限已经无影无踪了。

阿德勒集中研究了有关权欲和自卑心理等课题。弗洛伊德对此非常不屑，他将阿德勒的性格发展模式嗤之为“小屁孩掐架”，还用粗俗的老话，将其说成“想出名想疯了”的人，还说他的“屁帘还没摘掉呢”。他们二人之间的关系就是阿德勒学说的现实版，因为阿德勒喟叹自己一直“被迫在他（弗洛伊德）的阴影里工作”。他们分道扬镳后，两人就陷入了恶性缠斗。1911年，阿德勒创建了自己的精神分析流派，也就是大家后来都知道的“个性心理学”。有一段时间，他成了举世闻名的知识分子和畅销书作家，但是他曾经是精神分析学说的“摇滚之星”，这样的日子早就一去不复返了。在一次巡回演讲的途中，他在英国亚伯丁郡去世，死前萧索寂寞。尽管现在，已经很少有人知道他了，但在精神治疗领域，他是一段流传甚广的传奇，还有他的理论和很多术语都渗透到了现代心理学的诸多方面。

安慰剂效应

Placebo Effect

要收费，别戳穿，糖水也能治病

某一种治疗方式或者一种治疗方式的一部分，没有任何“积极”的疗效，而且不应被期待会产生某种疗效，这种方法或者方法的一部分就被称作安慰剂。

采用安慰剂疗法，可以减轻患者的病情，甚至改善其健康状况。安慰剂这个术语来自拉丁文，其原文的意思是“取悦”。中世纪的时候，在葬礼上，职业哀悼者都要唱一首歌，这是为亡灵写的祷歌，其中第一句就是：“Placebo Domino……”意思是“祈求主……”，Placebo的用法可能就源于此处。安慰剂疗法的形式多种多样，不过最典型的要数糖丸或者盐水，病人相信这些东西里面含有药物。据说，从疼痛到心脏病，到疣，再到抑郁症，几乎在所有疾病和病症的治疗中，都存在安慰剂效应（又称假药效应）。

关于安慰剂效应在病人身上起作用的最早记载之一，来自16世纪的法国散文家米歇尔·德·蒙田。1572年，他讲述了这样一个故事：

> ……一个生病的男人，被诊断患上了肾结石，这种病经常采用灌肠疗法，于是他鼓起勇气让医生在他身上使用这种治疗方式，接着，通常需要的步骤，一项不落，全部齐活……然后，想象一下他整个人趴着，所有治疗中应该出现的动静都出现了，除了没有真正采取灌肠措施！整套仪式完成后，药剂师去休息了，然后这个病人就像真的被灌肠后，接受了其他医疗措施；这样做的效果，与他真的接受灌肠，都是一样的……当时，为了省钱，病人的妻子有时尽力用热水给他进行治疗，当她这么做的时候，这个治疗方式就穿帮了：这种方法显得毫无用处了，于是他们不得不从头再来。

我们甚至可以说蒙田的笔记记录了某种“受控实验法”，两组对比：有安慰剂效应和无安慰剂效应——明确地肯定了营造真实气氛产生的作用。但是，关于安慰剂效应是否存在，以及效力如何等问题，一直存在疑虑。

H.K.比彻在1955年进行了一项研究，随后，现在的人们才对安慰剂效应产生了更进一步的兴趣。当时那项研究表明，在手术后的镇痛过程中，安慰剂的效力相当于56%的吗啡。从此以后，各种研究表明：很多病症，如果遵医嘱，使用安慰剂，有三成到四成的病人的病情得以改善，很多精神方面和生理方面的症候都得到了缓解，没有副作用、没有服药过量的危险，不用花钱或者花钱极少，安慰剂多少具备了“灵丹妙药”的气息了。罗伯特·巴克曼是一位肿瘤学家，也是一位作家和节目主持人，他是这样描述安慰剂的：“在世界药典中，这是最包治百病、最灵活多变，也是最有效、最安全和最廉价的药品了。”

以上的各种情况引发了一种令人眩晕的悖论。从药品的伦理来说，似乎得说：治疗效果最佳，同时副作用最小，花费最经济的治疗方式，应该是医生首先采用的办法；但安慰剂疗法就是故意采用虚假的治疗方式，表面上却又弄得和真的一样，那么从道德上考虑，因为这是一种冒充疗法，所以就不能收费了。但是，如果不收费，就会对疗效产生不利影响，因为免费了，病人就知道是安慰剂疗法了，这样一来，安慰剂就失去疗效了。从道理上讲，如果能够不花钱，当然就不花钱，那么肯定要采取安慰剂疗法；但是这样一来，病人就知道这是一种虚假疗法，那么这种方法就无法奏效了。

安慰剂效应引发了几个问题。这种疗效是真的吗？它的工作原理如何？为什么它会奏效？有几项研究对安慰剂效应的存在和效果，提出了责难。另外还有几个因素会增强虚假的安慰剂效果，比如，据说，疾病多少有其自身的发展过程，这就意味着在整个生病的过程中，病人有时候感觉更糟糕一些，有时候感觉更好一些，还有一点就是，病情最终可能会得到改善。另一个令人糊涂的因素就是“报告偏差”，比如，因为在潜意识中，实验人员想听到哪些话，病人就会想告诉他哪些话，所以病人就会说经过治疗后，自己感到舒服多了。

人们在被关注的情况下，会改变自己的行为，这种现象就是霍索恩效应[①]。最早，这种现象是在工人中间发现的。人们发现工人们在被关注的情况下，能有更高的生产效率。另外，在病人的镇痛报告中，人们也发现了这一点，就是说当研究对象受到实验人员关注时，特别是研究对象为男性的时候，这些人会忍受更强烈的疼痛。

但是，还有大量的证据表明安慰剂效应确实存在，其中有不少研究表明人的某些生理变化，对疾病的自然进程几乎没有影响，还有，“报告偏差”也同样几乎不影响疾病的过程。有一项研究，有人患上了疣子，研究人员用安慰剂涂抹患处，然后研究人员拍着胸脯说只要时间一到，颜色脱落了，疣子也就消失了，结果真的就是如此。另外还有一些实验表明：如果采用了拮抗剂纳洛酮

① 霍索恩效应（Hawthorne effect），即霍桑效应，是指那些意识到自己正在被别人观察的个人具有改变自己行为的倾向。

（naxolone）这种药物，那么镇痛方面的安慰剂效应会被抵消。

如果说安慰剂效应是真的，那么它是如何奏效的呢？一个关键因素就是“安慰剂讯息”：病人接受到一种信息，说这是一种管用的治疗方法。这种信息可以通过很多渠道传递，比如通过经验得出的感觉、明确的说明、理性的探讨、玄乎的推导、对权威的信任，还有医生对病人的态度（这点显得非常重要）。

纳洛酮产生的药效提示了在人体中可能存在某种机制，即镇痛安慰剂对人产生作用的机制。纳洛酮阻止了神经末梢接收到人体内的内生性麻醉剂，也就是内啡肽——这是一种神经传递素，是由人体内产生，该物质类似吗啡，也会对人产生像吗啡一样的麻醉作用。这种情况就说明了：安慰剂效应就是因为人体内大量分泌了这些内啡肽。人体免疫反应的表现多种多样，比如发炎上火、伤口愈合、血液流动等，都牵涉到内啡肽，所以大部分或者所有可观察到的安慰剂效应，内啡肽可能就是其发生作用的关键。

解释安慰剂效应能够奏效的原因，就比较困难了。有人说，从进化的基本原理看，安慰剂效应就是人类一路进化过来，掌握了一项本领，就是能够挑选和评估外界的各种征兆（即，我们是否会变得更好？以及能在多大程度上得以改善？关于这些问题的各种线索，就是征兆），然后人类利用这些征兆去掌控各种资源，以期在治愈过程中达到想要的结果。

如果人体提高免疫反应的活跃度，以期更快地恢复健康，那么就需要耗费生理上的资源，也就是要消耗体能；反之，人体通过减缓复原的速度，或者让疾病顺其自然地自生自灭，从长远来看，这是为了减少体能消耗，所以对个人来说，对病症的预断越粗陋越好。从另一方面来说，在有关安慰剂的预言中，比如“我是一个有本事的郎中”，“这个药的药效很好”，“医院会让你的身体好起来的”，等等，诸如此类的暗示都是良好的预断，于是，病人在精神上产生了呼应，为了快速地复原，大脑就组织起了各方面的资源——所以，就有了安慰剂效应。

关于安慰剂效应，还依然存在其他问题。为什么相同的安慰剂疗法在不同的文化里，出现的效果会不同呢？比如，在德国，对胃溃疡采取安慰剂治疗方式，治愈率高达60%，但是在巴西，治愈率则只有7%；与此同时，对高血压采取安慰剂疗法，在德国的有效率比别的地方都要低。

反安慰剂效应

关于安慰剂效应，还存在硬币的另一面，就是反安慰剂效应（nocebo effect），就是说本来属于中性的刺激，却产生了有害作用，比如，一颗本来无害的糖丸，有人却相信它有毒，可能他就会做出相应的反应。在西非伏都教巫术和巴斯克威尔效应中，都可以看到反安慰剂效应的极端形式。“伏都效应”就是：人们相信一道伏都咒语会让人的生理和心理产生严重后果，比如，有人好像中邪了，被变成了一具僵尸，这人也相信如此，于是他的行为举止就变得像僵尸了。“巴斯克威尔效应”就是：人的迷信心理或者奇思幻想会导致死亡。有一项研究发现，在中国和日本的民间，那些相信“4”是一个不吉利的数字的地方，每月的4号，心脏病的死亡率增加了27%——这是首先注意到了该效应的研究。此效应的名称源自福尔摩斯侦探小说中的人物：查尔斯·巴斯克威尔爵士，这位爵士活活被一只幽灵猎犬吓死。这篇小说非常有名，属于福尔摩斯名篇之一。

巴纳姆效应

Barnum Effect

算命的为何算这么准?

巴纳姆指的是，人们倾向于接受，将一些泛泛而谈的话当作针对个人的准确描述，尤其是那些阿谀奉承的内容。

“巴纳姆效应”或者“巴纳姆现象”，也就是所谓的“个人验证方式的谬误”，它的名称源自美国人P.T.巴纳姆（1810—1891），他是19世纪的一位江湖艺人和骗子。“巴纳姆效应”这个专有名词涵盖了他的两句名言，一是“我成功的秘诀就是对每个人都说一些他们爱听的话”，另一句就是“这世上，每分钟都有一个笨蛋出生”。那些典型的具有巴纳姆效应的描述方式，可能显得细致入微或者看似对症下药，但实际上含糊不清、模棱两可，外加自相矛盾，这样一来，就成狗皮膏药了，万试万灵。不管占星师、巫师和算命先生这些人是有意，还是无意，总之他们的主要手段，就是利用这种现象，外加冷读术和其他把戏（详细内容见后文），来引对方入彀。

1949年，美国心理学波特拉姆·富勒（1914—2000）做了一项实验，首次演示了这种效应。具体过程如下：他给大学生们发放了描述他们个性的档案，据说这份档案是根据他们先前做的一项测验得出的结果。实际上，档案里的内容都是从占星书里摘录的，还有，所有参加实验的人拿到的档案都一模一样（下文中列出了其中一部分内容，看看第十一条，简直就是一条通杀八方的绝佳例子）。富勒要求拿到档案的学生们都“根据五分制打分，看看在多大程度上，这些描述揭示了你的基本个性”，他们大多都给出了四分。虽然，富勒没有提及巴纳姆，但在1956年，美国心理学家保罗·爱富瑞特·米尔（1920—2003）已将这种现象命名为“巴纳姆效应”。

了解“巴纳姆效应”的原理并不难，但是如何抗拒“巴纳姆效应”又是另一回事了。人格心理学家对这种现象忧心忡忡，因为巴纳姆效应会动摇心理学的根基——本来，这根基有时候就显出一副摇摇晃晃、岌岌可危的样子。不过，他们也想不出什么万全之策，现在能给出的最好建议也就是：一个人应该意识到巴纳姆效应的存在，并且一定要注意，尽量不被恭维之语忽悠进去。

下面这些话，是不是听起来很耳熟？

1. 你现在很需要别人的爱慕和崇拜。

2. 你经常对自己要求太苛刻。

3. 你还有很大的潜力没有被挖掘，这些潜力也没有转化为你的优势。

4. 尽管你的个性中有一些弱点，但是你通常都能够克服。

5. 你现在的性生活有些不和谐。

6. 你外表看起来严谨克制，但在内心深处，你容易变得忧心忡忡，并且缺乏安全感。

7. 有时候，你对自己的决定或者曾经做过的事情，会产生深深的怀疑，无法肯定对错。

8. 当你感到被各种规矩和规则束缚住，感觉动弹不得的时候，就会变得不满足，于是，你会更想在一定程度上改变生活，使其更加丰富多彩。

9. 你是一个具有独立思考能力的人，并引以为豪；同时，如果没有令人心悦诚服的依据，你根本不会接受别人的言论。

10. 你已经觉察到，向他人过于坦白自己的内心世界的行为不太明智。

11. 有时候，你是一个外向的、友善的，并且乐于交往的人，但有时候，你又是一个内向的、谨慎多疑和沉默寡言的人。

12. 你有一些野心，但这些心愿很可能会变得非常不切实际。

13. 生活中，你的主要目标之一就是拥有安全感。

冷读术

Cold Reading

像福尔摩斯一样推理，比算命还准

通过使用巫术、与鬼神交谈的异术或者其他形式的通灵术，让一个陌生人相信你能够“读”出他的心思，这类技巧就是冷读术。

这种读心术被贴上“冷”字标签，是因为读与被读的双方互动是“冷”的，也就是说事先并未获得任何信息或者进行相关调查。与此对应的则是“热读术”，涉及调查研究，比如查看被读对象以前有过哪些问题，查询一下相关信息，或者简单地用浏览器搜索一下某人。在进行这两种读心术的过程中，重点都在于“主观认同”，即：读心者提供的信息都需要得到客体（也就是“被读对象”）的验证——换而言之，所有的信息，包括获得的认知，以及在各种断语中品出的微言大义，还有给问题提供答案，实际上，这一切事情都由“被读对象”来做。

你正处在人生重大决策的关口……

基础的冷读术只需要读心者口吐一连串的陈述语句，然后让被读对象自己联想，并找出其中的含义。而较先进的冷读技巧就要利用被读对象做出的一系列语言和非语言的反馈行为，比如瞳孔扩张、呼吸频率和摆出的姿势，读心者就像福尔摩斯，根据对方的容貌、衣着、所佩戴的首饰、口音和语言风格等，来进行推理。这些反馈内容有助于读心者采取进一步行动，从泛泛而谈转到针对个案。

冷读术是巫士、巫婆和算命先生的主要装备。在这些人中，并非所有人都是一边使用冷读术，一边暗地里冷笑，他们并没有在心中嘲弄对方的意思。真实情况是，这些人甚至没有意识到冷读术——比如，可能有很多巫师，他们真的相信自己天赋异禀，而且他们也不知道自己正在使用冷读术（至于那些有意识地使用冷读术的人，则属于另一个范畴了，那些人就是我们通常所谓的“宗教骗子”）。

冷读术的特点，就是一开始都采用“钓鱼式”的话语，比如，“你叫‘迈克’，这个名字有什么特殊的含义吗？”——通过这样的问题，会让听众自己筛选答案，或者促使被提问者开始提供反馈信息。采用冷读术的读心者还利用了“巴纳姆效应”，说一些大而化之、广泛适用的套话。冷读术高超的读心者可能还会利用调查资料和研究数据，最大限度地让自己的话语放之四海皆准。

一旦被读对象或者听众上钩了，他们就会主动迎合读心者的论调或者将自己的答案往所提的问题靠了，那么读心者就会用陈述的语句将信息重新反馈回去，让对方点头称是。冷读术的读心者会做很多猜测，也会问许多问题——因为“选择性记忆效应”的存在，所以他们说的话只需要其中有一部分能踩到“点”上就可以了。随后，被读对象只会记得这些“点”，而把其他的内容忘得一干二净。现实中还有一个情况，就是读心者非常热心地怂恿被读对象自己去寻找意义和归纳属性，大部分情况下，这一点有助于冷读术发挥作用。然而，冷读术不要求读心者和被读对象之间有实实在在的交流，这也就和那些具有巴纳姆效应的话语一样——写那些话根本就不需要作者和读者心有共鸣。

对销售人员来说，冷读术也是一个非常有用的工具，同时，对其他一些专业来说，冷读术也是一个需要考虑的重要因素。比如，罪犯分析档案、罗夏墨迹测试和性格测试，这些领域的工作原理都很类似，都是在“主动迎合”和“选择性记忆”的基础上发挥了作用。

晕轮效应

Halo Effect

风评，比实力重要

晕轮效应，又被称为“气氛效应”和“晕轮错觉”，就是一个人在看待他人和事物的时候，因为对方曾经做过的某一件事情，或者该事物具有某种特质，能让自己心怀好感，所以，尽管令人产生好感的特质与其他特质，可能并没有切实的关联，但是，人还是让这种好感影响了自己的判断力，倾向于对其他特质也一并产生好感，这种倾向就叫作“晕轮效应”。

举一个常见的例子，比如，有一个大家公认的帅哥，于是，周围的人可能就会把其他优点都按在他的头上，比如聪明、有魅力、有能力等等。与“晕轮效应”相反，就是所谓的“号角效应”或者“恶魔效应”。“号角效应”就是一个人看待人和事的时候，因为对方的某一点让自己反感，所以他或它的其余方面，都蒙上了一层阴影，这种倾向就是“号角效应”。有时候，人们管这种倾向叫作“欲加之罪，何患无辞”。①

1907年，美国心理学家弗雷德瑞克·莱曼·威尔士（1884—1964）首次提出“晕轮效应”的概念。但是，一直到了1920年，美国心理学家爱德华·李·桑戴克（1874—1949）才正式引入了“晕轮错觉”这个名称，并且明确了其含义。现在人们在各个领域中到处都能看到这种效应，比如教育、营销、商业和性格测试等。比如，同样一份作业，老师们就很可能给自己眼里的好学生更高的分数，那些顶着差生帽子的学生得到的分数就要低一些。由于品牌释放出了“晕轮效应”，消费者很可能就此做出消费决策（举例说明，苹果电脑的粉丝可能会去买一台来自同一公司的电视机，只是因为它们都顶着同一个响当当的品牌）。当进行员工评估的时候，大家要记得去提醒那些经理们，让他们小心“晕轮错觉”或者“号角错觉”。比如，人们常犯的错误就是：经理们会认为某个拥有工程学学位的人，将来一定能胜任经理的位置，或者经理们断定一个喜欢和别人来往的人，就一定能成为一个好的销售人员。在“晕轮效应”的作用下，那些性格测试分数的可信度和有效性就要大打折扣了。

① 或译为“给恶狗取恶名”效应。——译者注

如果事先接受训练，人们就会注意该问题，这样有助于克服“晕轮效应”了。但是回到起点，我们要提一个问题，就是为什么会出现“晕轮效应”呢？有这样一种说法，就是“晕轮效应”以及各种知觉偏差现象，反映了人类在推理、判断和感知等过程中，有一种“想当然”的本质特征。“想当然”的意思就是“经验法则”，也就是人在识别行为中抄捷径：面对纷繁杂乱的外界信息，人要迅速地做出决定，为了节省时间，就要走这种捷径，同时，为了生存和成功，“经验法则”也是人类的非常重要的一项技能。进化的过程支持人类形成“想当然”的偏见，但是反过来说，这些偏见形成了诸如“晕轮效应”之类的现象了。

乍热乍冷怎评判

“晕轮效应”是知觉偏差的一个例子，也是偏见的一种形式。1946年，萨罗姆·阿奇发现，晕轮效应与“特质向心性现象”有关。阿奇假设了一个人，还对此人的个性罗列出了一张清单，说这个人聪明、活络、勤奋、热情、有毅力、踏实并且谨慎；然后，他将清单给几个人进行评价，并且要他们对目标人物进行进一步的评估。当阿奇将“热情”一词改成“冷漠”后，目标人物就获得了完全不同的评价，高达

91%的人认为“热情”的人也会“慷慨”，只有9%的人认为“冷漠”的人也能“慷慨”，“热情/冷漠”看来属于某种“核心特质”。在随后的评判中，人们会根据该“核心特质”，对此人形成不同的偏见，“热情”带来了“晕轮效应”，“冷漠”带来了“号角效应”。

失言——弗洛伊德口误

Freudian Slips

无心的口误，反而说出实话

失言是一种隐含着其他内涵的错误言辞，尽管有人称其为弗洛伊德口误和记忆力衰退，而事实上就是指一不留神说错的话。

弗洛伊德口误与单纯的口误不同，前者的特点是，尽管这是一种无心的失言，但并非纯属胡言乱语——至少，根据弗洛伊德和精神分析学派的理论，这种失言另有乾坤。

弗洛伊德认为，潜意识就是各种火热、沸腾的念头的集聚地，这些念头太危险、太令人羞耻，也太无法无天了，所以潜意识要被牢牢地看紧，一刻也不能松懈，不能让这些念头跑到规规矩矩的意识层面来。人格就像冰山一样，很大一部分都深埋海底，在海面上显露出来的只是一小部分；另外，虽然在意识层面，人们无法“看到”潜藏着的这部分潜意识人格，但是这部分人格犹如地球引力，会产生惯性作用，甚至能掌控着意识层面的思维。一个简单而又显而易见的小小失言，可以成为一扇窗口，让人们得以窥见黑魆魆的潜意识，同时借助“失言”这个工具，撩开潜意识控制机制的面纱。弗洛伊德管失言叫“fehlleistung”（德语中的一个词汇，详见下文）。在当代的精神分析学中，弗洛伊德口误有一个专业术语，叫作“parapraxis”，这是由詹姆斯·斯特拉齐借用希腊语词根铸造的一个词；由于弗洛伊德著作的那些标准英译本都是通过斯特拉齐翻译的，所以他的影响极大。批评人士一直抱怨，斯特拉齐采用了这些似是而非的行话，实际上丢失了弗洛伊德原文中的很多韵味，也改变了弗洛伊德文章的风格。

事实上，批评人士对“parapraxis”的整个概念都存在很多疑窦，至少他们的理解与弗洛伊德有很大的不同。弗洛伊德坚持认为，几乎所有的失言都揭示了行为人内心正在涌动着的潜意识情结。但是，当代精神分析学家们认为他过于上纲上线，过分地解读了某些简单的认知行为上的小纰漏。我们思维中的很多过程都是自发的，即，人在意识到事情之前，大脑已经是自顾自地运作着，所以，如果一个人从未犯过这种毫无意义的错误，那才更是令人吃惊的事情。举个例子，有时候，人们说错了词或者发错了音，只不过是因为那个错词或错音听上去更自然一些，或者更顺口。

心不在焉的思绪和魂不守舍的双手

1901年，弗洛伊德出版了自己的代表作《日常生活中的精神病理学》（*The Psychopathology of Everyday Life*）一书。在本书中，弗洛伊德清晰地阐述了自己的观点，他认为，脱口而出的“失言”表明了潜意识中的某种想法、信念或者愿望；同时，在书中，他也分析了得出该观点的各种理由。

书里有一些具体的例子，他一一进行了细致的剖析。其中有一个例子，他和一个年轻人一起坐火车。旅行途中，这个年轻人引用了一句拉丁诗文，这个时候，他出现了一个错谬，落了一个词“aliquis”（某个人）。于是，这个年轻人询问弗洛伊德，让他帮忙看看为什么自己会犯这样一个错误。接着，他们用词联想进行了一番的快速交锋，从“aliquis”一直到了“blood”（血液），说到这个词的时候，这个年轻人透露了心声，说因为女朋友的例假没有准时到来，他很担心对方怀孕了。很明显，他潜意识中的焦虑起了作用，为了避免不舒服的联想，自动屏蔽了那个拉丁词。

弗洛伊德还引用了另外一个例子，说曾有一名医生出诊去看一位女病人，结束的时候，医生虽然嘴里说着“再见”，但他发现自己的手还是魂不守舍地死拽着病人睡袍上的蝴蝶结——就是睡袍上的系带，女病人为了避免走光，将系带环腰打成一个蝴蝶结。弗洛伊德由此推论说，这名医生对该女病人有非分之想，同时他一直在狠狠地压制这个念头，但是这些龌龊的念头一直潜伏在他的潜意识中，伺机而动，一旦他的注意力稍有松懈，这些念头立马就蹦了出来。从类似的例子中，弗洛伊德总结出，这些“失言”，即使不是全部，至少也有大部分都是受潜意识控制的。

关于弗洛伊德举得这些例子，人们如果进行更深一步的推敲，就会发现他原先得出的结论实在是无稽之谈。就说那个漏掉某个拉丁词的年轻人吧，事实是，原诗是用冷僻的拉丁语写成的，拉丁语有自己的语法结构，如果对原诗和他的“错误版本”进行语法上的比较，就会发现，“错误”版本的语法反而更正常。从理论上，他将这个年轻人的小错谬联想成一连串潜意识思维，看来真是用力过猛了，他实在没必要用这么复杂的方法来解释这种现象。

心理学教授詹姆斯·瑞森建议用一种简单的标准区分某一种失言是否属于“弗洛伊德口误”（换而言之，如果这句错话在潜意识中，可能具有某种含义，那么就属于弗洛伊德口误了），即，“要确定某一失言或者举动是否属于‘弗洛伊德错误’，就要首先进行一番比较，如果犯错的内容或者举动较为罕见，那么就属于弗洛伊德错误；如果犯错的内容和举动比较常见，那就说明只是普通的小纰漏”。要是觉得这话太拗口，还可以换个说法，即，假如你犯了一个不可能犯的错，或者错误的难度较大，那么这就属于“弗洛伊德错误”了。举例说明，比如有一个外国的A片脱星，这个人特别擅长拍那种绑缚类的性虐片子，而你居然把自己伴侣的名字和脱星的名字弄混了，这就绝对不是什么意外的小错误了。

妄想症

Delusions

被爱未必是一种幸福

妄想症[①]是指，虽然有切实的证据表明某些信仰实属荒唐，完全不合理，但是有些人依然执拗地信奉着，可以说在他们心中，这个信仰依然根深蒂固。另外，该信仰与文化规范格格不入，也拒绝所有理性。

有人否认气候变化，有人否认共产主义，对这类花样繁多的事情，你可以根据自己的立场，将他们视为妄想症患者，并且/或者加以嘲笑。但是从精神病学的角度来说，妄想症其实非常罕见，而且通常来说，妄想症患者的想法无法与外界的真实情况相一致。

① 妄想症（delusion），又称妄想性障碍，是一种精神病学诊断，指“抱有一个或多个非怪诞性的妄想，同时不存在任何其他精神病症状”。

妄想是精神分裂症的主要症状之一，另外像痴呆症、脑损伤，以及在其他病症中，也发现了这种症状。妄想症的表现形式千奇百怪，某些还令人心惊肉跳。不过，在精神分裂症中，最常见的三种妄想症症状分别是：被迫害妄想症、关系妄想症和被控制妄想症。

妄想症的形式

- 被迫害妄想症（delusions of persecution），患者深信有人要“四处抓捕”自己。妄想的主要内容可大可小，从一个设计陷害你的邻居到一个全球性的阴谋，都有可能是迫害源。1974年，有个医学团体进行了一次大范围的调查，结果显示，在精神分裂症患者中，有65%的人体验过类似的妄想。

- 关系妄想症（delusions of reference），那些与患者毫无瓜葛的评论和信息，包括源自媒体的新闻，还有患者无意间听到的流言蜚语，通常都是负面内容，会对患者造成影响，患者确信这一切都与自己有关。

- 被控制妄想症（delusions of control），患者确信自己的行为、感情，甚至想法都不在自己的掌控中，而是被其他人或者某一外界力量左右着；这种外界力量可能是外星人，或者是强大的有关部门，或者是恶魔，等等。

妄想症的其他类型还包括以下几种。

• 夸大妄想症（delusions of reference），患者相信自己具有特殊的能力、品质或者地位。

• 恐病妄想症（hypochondriacal delusions），就是说患者错误地认为自己患上了某种疾病。

• 虚无妄想症（nihilistic delusions），就是说患者坚信自己并非真实存在的人，或者自己毫无价值（在抑郁症中，这种情况很常见），或者这个世界以及某些重要事物已经消失。还有就是"虚妄的猜忌"，就是患者相信身边某一个来往密切的人实际上是一个大坏蛋，这个人一直欺骗所有的人。患者会因虚无而产生悲观心理，最后造成情绪低落。

• 虚化综合征（即克塔尔综合征，Cotard syndrome）的特点就是患者产生了一种错觉，认为自己身体的某些部分正在腐烂，或者觉得自己已经死亡了，或是一个没有五脏六腑的空虚躯壳，并认为其他的人，甚至整个世界包括房子、树木都不存在了。显而易见，这种病症与"恐病妄想症"都有一个共同点，就是患者产生了"肉身解体"的错觉。

• 情爱妄想症（erotomania），又称"德·克莱朗伯综合征"（de Clérambault's syndrome），还有人称其为钟情妄想症和花痴综合征，这种妄想症就是患者产生了自己与其他人有了地下情的想法。在这个病症中，对方通常是一个权威人士或者是一个名人，而且，对方不顾周围铺天盖地的反对声，一直坚持不懈地向患者传达这种微妙的情愫和信息。

- 贵裔妄想症（Mignon delusion），是一种儿童常有的胡思乱想，指的是患者想象着自己“真正”的父母是有钱人，或者是名人，或者是非同凡响的人；还会妄想最终“真正的父母”会重新承认你，你也能够认祖归宗了。

- 弗兰格里综合征（Fregoli syndrome），这个病症是根据一位多才多艺的著名艺术家命名，该病是一种错觉，患者会认为很多不同的人其实就是一个人，而且，这个人一直改变着自己的伪装或者外表，即“千面一人”。

- 替身综合征（即卡普格拉斯综合征，Capgras syndrome），是一种可怕的，同时也是一种不幸的病症，其特点就是患者出现了妄觉，认为江湖术士们用一模一样的外表取代了自己的一个或者多个亲人。

- 妄想症可以被分成两种，一种是单一型妄想症，另一种是多样型妄想症。单一型妄想症的患者只妄想一个内容，比如只出现“替身综合征”中的身份紊乱的妄想症状。多样型妄想症涵盖多种妄想内容，比如有些精神分裂症患者，他们就相信有一个针对自己的全球大阴谋，包括精神控制术，以及该阴谋通过媒体向其发送出各种暗语，就是为了迫害自己。各种妄想被搅和在一起，最后在患者的思维里，会形成一个完整的妄想体系。

现在出现了一种解释妄想症的理论，该理论试图找出产生认知紊乱的原因。比如，在“替身综合征”中，可能的解释就是：对于患者来说，虽然大脑中主管人脸识别的区域运转正常，但是负责熟悉感的区域出现了问题。也许这样就可以解释为何患者可以认出某人，但又觉得对方陌生，于是，患者产生了妄想，认为对方并非本人，而是替身。

被控制妄想症可能有类似的发病机理：如果意识层面的意志力运行正常，那么正常的活动和正常的思维就会产生正常的念头；本来的因果关系是这样运作的，但是对于该病患者来说，这个运作模式发生了紊乱。另外，反过来看，用该病理模式就能解释“精神分裂症患者可以胳肢自己，让自己哈哈大笑”这种特别的现象，原因就是“正常的活动产生了不正常的感受”；与此相对应，一个正常人如果胳肢自己，是无法让自己大笑的。对该病患者的心理过程，可以这样理解：他们说出了某些话，但是没有感受到决定说这些话的过程；由于缺失了此环节，患者就会认为合乎逻辑的解释就是自己被某种外在力量控制了。

但是，对那些从非正常体验中产生的妄想，如果用这种方式加以解释，马上就会遇到了一系列棘手的问题，比如无法解释：为什么妄想会如此排斥逻辑？还有，为什么妄想无法得到转变或者消除？显而易见，患者的思维中肯定存在某种缺陷，使得他们无法正确地判断是非。至于原因，可能是大脑的特定区域产生了问题，比如右脑的大脑额叶，妄想症与该区域相关，所以患者深受其苦。

文化束缚综合征

Culture-Bound Syndromes

起乩附体？其实是精神紊乱

精神紊乱问题会具体到一些特定的文化中，这些文化在西方往往没有直接对应的文化，于是就产生了“文化束缚综合征”（CBS）的概念。

在文化束缚综合征中，现在众所周知的“集体心因性心理障碍”（该术语过去常常被叫作“集体癫狂症”），有些精神问题可能就是它的变种；有些问题可能是某种特定文化的表现形式，被误以为是精神紊乱，比如被视为精神分裂症；还有些问题可能是人们在应对压力时，其心理机制往往带有深深的文化烙印。因为文化束缚综合征反映出了本土信仰和迷信，所以在西方人的眼里，这些综合症状看来带有异国的迷幻情调，显得扑朔迷离，有时候还让西方人觉得荒唐至极，但这正反映了一种西方种族优越感的视角。

有些症状显得那么遥远缥缈，那么具有异国情调，但是作为一种症候类别，文化束缚综合征的范畴并不清晰。集体心因性疾病的其他形式，比如狂热追寻巫师的慌乱行为，以及其他社会恐惧症（比如，中美洲国家担心美国人为了获取人体器官，会去绑架他们国家的人；或者在南非，人们认为，那些看起来像巫女的卖春女子先是魅惑男人，然后会偷取他们的精液），文化束缚综合征是否也包含以上内容？如果要包含的话，那么CBS的范围就要扩大到西方社会的集体恐慌了，比如对“伪社工”和“撒旦仪式上的虐待”的忧惧吗？[①] 有些精神疾病，比如厌食症，似乎仅限于西方文化圈子，这些是否也算CBS的范围？同时，在某些文化情境中，有些行径和信念被视作离经叛道或者不通情理，但在西方人看来，可能是理性或者是正常的；或者将这些行径和信念看作是特定环境的产物，都有其产生的理由，并不是什么疯狂的病症。文化束缚理论有助于说明一点：在某些方面，精神病的定义，其实可以简单归结为“与本土规范不相符合的异端”。

① 这两类恐慌带有宗教背景，牵涉到的社会背景非常芜杂，据说与撒旦教等教派有关。——译者注

其他地区的文化束缚综合征

CBS的表现有数十种，而且同一种病症在不同的语言中，可能名字各不相同。CBS中，最有名的几个例子就是Koro、Amok和Windigo。Koro是马来语，意思是“阴茎失窃恐惧”，令人讶异的是，在世界范围内，广泛存在着这种恐惧。Koro的特征是：人们害怕某些巫术会让男人的阴茎缩小或者消失，或者让女人的乳房和/或阴户缩小或消失。一旦有一例发生，就会引起全国性的恐慌，反过来，这种恐慌还会点燃抓捕巫师的野火，一路演变下来，最后会导致各地民间团练开展各种迫害行为。比如，1997年，在西非，从喀麦隆到象牙海岸，到处弥漫着“阴茎失窃恐惧”，最后招致了暴徒们滥用私刑，至少有60名疑似“巫师”死于非命。在远东地区也存在Koro现象，以至于引发了自残行为，这些受害人试图将阴茎用夹子夹住或者用针钉住，以免阴茎缩回体内。

虽然一直以来，发生Amok病症，并对此进行报道的区域都是介于波利尼西亚到波多黎各这一带，但实际上，这是一种来自马来西亚语的文化束缚综合征，其特点是，在某一段时间里，病人表面上会变得异常沉默寡言，但其实内心早已翻江倒海，涌动着各种念头，随即失控的怒气爆发了——

最后，这个人变得横冲直撞、到处乱窜。Wendigo是一种奇怪的精神错乱病症，发病地区在北美五大湖区域，一直以来，只有土生土长的美国人才会犯病；特别是在冬天的时候，犯病的人不仅没胃口吃东西，而且还要忍受着恶心的折磨，随后会出现幻觉，觉得自己受控于一个食人恶魔，这个恶魔就叫“Wendigo”。

其他CBS病症，还包括“大人惊风症”（taijin kyofusho），这是一种日本式精神失调，其特点是人体和人体各机能失调，病人非常痛苦。另外还有“幻影症”，这是一种美式综合征，其特点是害怕死亡、内心焦虑和无端恐惧，一直以来，人们都把这种病症的责任推到巫术上。还有怕“风寒”，东南亚人多怕这个，认为“风寒入侵”会导致阳痿、生病等。

FREUDIAN SLIPS

All The Psychology You Need To Know

第三部分

科学实验要有道德底线，不能太过分

解释心理学控制心智、改变行为的秘密

洗脑术

Brainwashing

隔离、虐待、剥夺睡眠，改变你的思想

通过对一个人的生理和心理采取高压和阴毒的措施，比如剥夺感知、灌输教条、实施催眠、限制睡觉、虐待，甚至药物控制等方法，以达到彻底改变一个人的信念或者态度的方式，就是洗脑术。

这个术语在不同的情景中，具有不同的含义。如今，它主要是指在一些宗教团体中，根据教条，强迫新成员切断同以往生活的各种联系，并且全身心地拥抱一种新哲学或者新信仰，这就是洗脑的过程。但是，从20世纪50年代至60年代，这个术语最先出现的时候，它与所谓的共产主义者的一些行为联系在一起：因为共产主义改变了民众的意识形态，特别是美国战俘改变了思想意识，人们想当然地认为共产主义者掌握了某些思维控制术，于是，在那个时候，信仰共产主义的人就备受责难。

1950年，“洗脑”一词由新闻记者爱德华·亨特首创，当时他正在撰写一本书，内容是关于20世纪一个社会主义国家当时正在进行的共产主义教育实践活动，题目是《红色洗脑过程：如何计划性地摧毁人的思维》。亨特声称，共产党曾利用美国人所谓的洗脑术，将正常的民众变成了暴戾的狂热分子。后来亨特的身份表明他是一名中情局（CIA）特工，但是，不管怎样，朝鲜战争期间，那些被北朝鲜共产主义军队俘虏的美国士兵们，当他们一字排开地站在相机前，发表支持共产主义的宣言时，亨特的报道以及观点深深地震撼了美国主流社会。更让人瞠目结舌的是，战争结束时，很多美国战俘拒绝回国，显而易见，他们更喜欢留在这些社会主义国家。

对美国公众来说，这种情况真是太吓人，也太诡异了：活力四射的美国人莫名其妙地变成了共产党的傻×！事实上，只有某种形式的心理巫术可以做到这点——当时的一位评论家发表了一些讥讽的言论，他非常肯定地认为，正是“巴甫洛夫博士的各种理论和傅满洲博士[1]的各种花招，全都放在一起乱炖，最终才生出

---

① 傅满洲，英国推理小说作家萨克斯·罗默创作了傅满洲系列小说，其主人公是一个类似浮士德的博学智慧之人，但同时又非常奸诈邪恶，这个形象通常被视作是西方文化对东方文化的矛盾心理的表现。——译者注

了这些玩意儿”。1959年，随着理查德·康登的小说《满洲候选人》（*The Manchurian Candidate*）的大获成功，于是，在大众的意识里，“洗脑”一词便留下了深深的烙印。小说里，有一个美国战俘接受洗脑后，成了“入睡的傀儡杀手”，随即被送回美国，之后，只要一个简单的密码，就能把他变成一个谋杀总统的刺客。在公众意识中，洗脑的另一种称法就是“斯德哥尔摩综合征”。

精神控制

所谓洗脑机制的学术理论集中在两个方面：一是剥夺感知（SD），二是过度刺激，这两个都可以被视为心理折磨。美国人太把“洗脑”当回事了，以至于中情局开展了MK Ultra计划，这是一个持续数十年的隐秘研究计划，专攻所谓的精神控制术，结果至少将一人致死，以至于许多美国人在不知情的情况下，被当成了实验对象。中情局对待他们的方式很是缺德，包括对其进行虐待。

然而，心理学家们现在已经得出了结论：根本没有所谓的洗脑一说。外在的力量可以强迫人们以某种方式行动，但是要强迫人们违逆自己的意志，去改变内心深处的信仰体系，这是无法做到的。比如，美国战俘拒绝遣返，可能是因为害怕顶着通敌的罪名上军事法庭。糟糕的是，洗脑的神话依然孕育出了“消除他人受毒害的思想或信仰”之类的花样，这种机制是一种虐待行为，采取的手段类似于所谓的洗脑过程，只不过方向相反。简单来说，就是在“消除他人受毒害思想”的过程中，那些被认为参加了狂热教派的人们，由实施“消除行动”的工作人员们去“拯救”他们，然后，对他们进行“逆洗脑”过程。“消除他人受毒害的思想或信仰”这种做法本身就是伪科学，也是不道德的。然而，就连《大英百科全书》(*Encyclopaedia Britannica*)都声称这东西“已经证明了，在某种程度上是成功的”，洗脑的概念太深入人心了。

团体迷思

Groupthink

从众压力之大，导致了全体一致的错觉

一个团体在做重要决策的时候，会出现“使劲犯错”的倾向，因为他们都有一种万无一失的幻觉，而且他们对那些与此幻觉相抵触的事实依据，采取了逃避、忽略，或者不予考虑的办法。

有时候，团体在做重要决策的时候，会犯错犯得很厉害。尽管他们在事先都得到了信息，这些信息足以阻止他们犯错，但事与愿违，这是为什么呢？1971年，为了解释这种常见的现象，美国心理学家欧文·雷斯特·詹尼斯（1918—1990）提出了“团体迷思”这个术语，并且他还引用了历史上一些声名狼藉的错误，比如1941年，美国得到警告，说敌方将对珍珠港进行袭击，但这个预警却没有引起美方的注意；还有，比如命运乖舛的“猪湾事件”，当时美国在根本就没有做好准备的情况下，却试图入侵古巴，结果在1961年，酿成大祸。

在“团体迷思”中，詹尼斯罗列了这种思维的多种运作机制。在团体中，每个成员都互相强化这样的信念，那就是，关于自己，他们认为自己在道德上更占上风，而且他们的决定战无不胜、攻无不克；他们关于对手的观点既刻板生硬，又脱离实际情况。另外，团体内部非常需要保持整体一致性，对于不同意见极为排斥，所以每个人的从众压力都非常之大，最后导致了全体一致的错觉。这样的结果就是，与这种一致性抵触的信息都被屏蔽了，有时候，团体里的成员还会自觉地担负起保护一致性的责任。于是，这些团体变得与现实脱节，陷入了“皮格马利翁效应”的泥潭。此外，他们对周边的实际信息解读，采用了“套用已有思维模式”的方法，这样一来，他们觉得事实与他们事先已有的成见相吻合，以此创造出那些“自我应验”的预言。

上述理论如果太艰涩，那就来看看具体的例子吧。比如，1941年，有明显的证据表明日本军队正在行动，将袭击珍珠港，但美国政府选择忽略这些证据，以为这样的话，实际情况就不会与他们的预测相冲突了。更近的一个例子可能就数2003年的伊拉克战争了，当时的萨达姆·侯赛因并没有拥有大规模杀伤性武器，但是，布什政府选择性忽略了有关证据，以此表明发动战争的正当性和必要性。

詹尼斯的团体迷思模式很快就流行开来，而且随着时间的推移，事实也证明了该理论一直受到大家的认同。但是，这种模式的基础并不扎实，那些支撑起该理论的证据摇摇欲坠，而且这种模式具有局限性。而且，团体迷思模式和后来的研究成果产生了龃龉，一直以来，该理论饱受争议。

有意思的一点是，相关的批评刚好被这个模式打了一个正着，因为这个模式的主要组成部分之一就是从众压力。1951年，在一个具有划时代意义的实验中，波兰裔的美国心理学家所罗门·艾略特·阿奇（1907—1996）让大家看到了这样一种情况：对一个简单的问题，如果一个团队里，最先回答的人给出了错误的答案，那么接下来，这个团队里有75%的人明知该答案是错误的，但也会给出相同的答案。

从众心理具有强大的力量，这个实验被解读成了支持这个心理效应的证据。后来有批评人士认为，阿奇的发现是“那个时代的幼稚病”，而且，事实上，在1980年，人们重新进行了这个实验，在396个参加实验的人当中，只有一个人附和大多数人的错误答案。时代不同了，人们的思想也改变了。

权力服从

Milgram and the Obedience to Authority Experiments

平凡的普通人，在特定环境中也会变得冷酷无情

20世纪60年代，在康涅狄格州的纽黑文市，斯坦利·米尔格拉姆进行了一系列著名的实验，这些实验似乎能证明以下观点：普通老百姓会强加给他人痛苦，甚至还有可能采取致命的电击手段，原因仅仅是因为他们被告知去这样做。

米尔格拉姆的研究引起了轰动，而且，鉴于纳粹死亡集中营的情况，还有在那场大屠杀过程中，人心展现出的叵测与芜杂，于是，很多人都采用米氏理论进行解读。但是，米尔格拉姆真的揭开了人性中的阴暗真相了吗？还有，当一个人拥有权力的时候，权力真会泯灭个人的良知吗？还是他的实验本身就非常违逆伦理道德，而得以位列史上被误读最严重的研究之一？

斯坦利·米尔格拉姆是美国的一位社会心理学家。二战中，犹太人大屠杀事件引发了很多费解的问题，这些问题多少触动了他。哪些人会去死亡集中营谋取差事，赚一份薪水呢？还有，这么多人犯下了如此滔天的暴行，原因究竟是什么呢？自1960年到1963年，他在耶鲁大学教书期间，进行了一系列实验：布置一个实验场景，然后根据不同的变量，进行各种各样的实验；然后，他通过电话本，随机招募参加人员，让这些人相信有一项研究，其目的是为了提升教育方法，然后请他们帮忙。随后，这些参加实验的人就来到了这个场景。

实验人员给这些"参加人员"展示了一块仪表控制盘，很明显，这东西控制着一个电击仪器。然后，实验人员开始进行演示过程，先是给这些参加人员一次程度温和的点击，电压可能有45伏，但也很疼。接着，实验人员就把一个要进行测试的"研究对象"（实际上是研究团队中的成员之一）介绍给他们。这个时候，该研究对象被绑在一张电椅上，在整个测试过程中，参加人员无法看到研究对象，但是可以听到他的声音。一名"主管"站在参加人员的身旁，随时进行督促。另外，参加人员被告知：研究对象每答错一次问题，就电击一下，而且逐次提升电击强度。控制装置上有一个刻度表，上面标示着电压，旁边同时还有警示语，诸如"警告——强电击"之类的标识。随着测试逐渐展开，研究对象开始号叫，并且提出异议，甚至嚷嚷着心脏不舒服。如果参加人员拒绝电击或者犹豫不决，那么“主管”就给他们施加压力，让他们继续。

米尔格拉姆发现：大约有三分之二的参加人员会执行电击，他们相信那是真的电击，一路提升，一直达到最高值的400伏电压，即使研究对象发出尖厉的叫声，然后变得沉寂后，他们也不会停手。这个惊人的发现经过解读，大家认为可以证明以下论断：对绝大多数人来说，他们都渴望归顺一个权威角色，这种愿望如此强烈，超过了道德的力量，也超过了“将心比心”的移情作用。于是，犹太人大屠杀历史中的种种可怖行径，采用这个论断就能解释了：

人类是顺从权威和依附群体的生物，还有，人在权威面前卑躬屈膝是自然法则。特别是有一点，通过实验似乎可以看出：如果一开始，参加人员采用电击比较温和，那么接下来他们更容易一路提高电压，直至变成明显的暴行。

米尔格拉姆和他的实验一直受到广泛的批评。参加人员经常被这个实验弄得心烦意乱，甚至他们在精神上也受到了创伤——因为，在实验过程中，实验人员冷酷无情地对他们施加压力，甚至还詈骂欺负。以现在的眼光来看，这个场景设定本身就存在极大的缺陷，而且实在有违伦理道德。对这个实验的解读也流播甚广，在有关大众话题的议论中，这个解读依然流行，这种广为流传的现象也是一直备受诟病。还有一点，在实验中，“主管”一直坚称：正在进行的“电击”没有危险。于是，现在有人认为米尔格拉姆实验更多说明了一点：在人与人的交流过程中，信任属于“预设模式”，在这种模式下，事情是如此发展的——主管说电击是安全的，而且为了能够继续进行实验，采取电击措施是必要的；当发生这一切的时候，参加人员是信任主管的，于是他们一直遵照指令行事。

根据米尔格拉姆的各项研究得出的结论，即使能对大屠杀做出了很大程度的解释，但还是有其短板：那些在死亡集中营里的行凶者，他们心里非常清楚，自己正实实在在地伤害他人，而且，面对道德，他们毫无惭色，内心也没有丝毫反感，就这么干了。尽管由于该研究得出的结论，在大众中，引发了某种道德恐慌，但是米尔格拉姆还是强调了一点：虽然研究的结论如此，但是并非证明了康涅狄格州纽黑文市里的善良人们和集中营的卫兵们之间，仅仅只有一步之遥——两者之间的区别并不是五十步笑百步。

斯坦福监狱实验

Stanford Prison Experiment

任何人穿上法警制服，都倾向于虐待他人

该实验又名“兹班铎”监狱实验，因为该项研究的负责人是菲利普·兹班铎（1933— ）。这也是心理学上最有名的实验之一。

兹班铎对暴力行为的心理，以及人们行为所具备的社会责任等问题，都很有兴趣。通过改变各种变量，他进行了一系列“米尔格拉姆权威的实验”。通过这些实验，兹班铎发现，当人们穿着实验室衣服，戴着实验室兜帽的时候，更有可能对实验对象进行更严酷的电击；而当人们穿着日常衣服，佩戴着有大姓名签的胸牌时，他们对实验对象的电击程度就比较轻浅。

从这点出发，他继续深入地进行了另一项实验，该实验将审视人们在监狱中会如何行事。关于监狱，一直流传着很多狱卒虐待囚犯的故事——通过实验，他想了解产生狱卒实施虐待行为的原因。也就是说，那些选择狱卒这个行业的人，是因为他们都是内心邪恶的人，才做出了这样丑恶的行为吗？还是多少得怪囚犯们咎由自取？实验的结果表明，实际上，还有第三种变量，也就是机构本身，即监狱引发了暴力行为。

1971年，兹班铎刊登了广告，招募一些年轻男子参加一项监狱实验，报酬是每天15美元。实验开始前，实验人员对他们进行了内容涵盖广泛的心理测试，结果显示他们都是一些心理健康的人，然后进行随机指派，让一些人充当囚犯，而让另一些人担任狱卒。一旦他们同意参加该项目，那么充当囚犯的人就会在家中“被捕”，然后他们就要像真正的罪犯一样面对各种遭遇：他们要按指印和花名登记，还要脱光衣服然后接受除虱子的程序，再然后，这些人要听从安排穿上囚衣，并且按照各自头型的大小，戴上尼龙帽，而且他们的脚踝处会被铐上脚镣。

他们被囚禁在斯坦福大学心理系的地下室里，这里已经被腾出来布置成像一所真正的监狱：里面的门和窗都装有栅栏，各个小隔间全部一览无遗，还安排了一间“禁闭室”。不过，实验开始前，所有的参加人员都得到告知，就是他们有权随时叫停，并且离开。与此同时，囚犯们和狱卒们都得到一样的信息：所有的角色分配都是随机的，因此，他们都知道所谓的囚犯们并没有真的做错事。

“狱卒”们拿到了浅褐色的制服、警棍和墨镜，他们被告知：

他们的任务就是让囚犯们待在牢里，除非有囚犯不安分，他们可以动粗外，其他时候都不许采取身体上的暴力行为。然而，也就过了几个小时，狱卒们的角色开始变得带有暴虐色彩了，他们辱骂囚犯们，并且由于囚犯们拒绝离开各自的牢房，于是，狱卒们采取强制措施镇压了这场“叛乱”。

很快，这两组人员各就各位，都陷入老套的角色中了，也就是说狱卒们变得盛气凌人、残酷，逐渐嗜虐成性，另一边的囚犯们变得被动、沉默寡言，逐渐逆来顺受。囚犯们似乎忘了他们有离开的权利了，对那些狱卒们自己炮制的规则和规矩，也统统照单全收。另外，如果他们提出“假释请求”遭到拒绝，他们也没有反抗，都唯唯诺诺地接受了。有一个囚犯进行绝食抗议，接着就被关了单独禁闭。狱卒们开始设计羞辱某些特定的囚犯们（采用的手法有捆绑，往这些囚犯的头上套袋子，并让他们一直做俯卧撑）；另外，在这些狱卒中，至少有三分之一的人切切实实地表现出了虐待狂倾向。有些囚犯在情感方面，受到了严重的创伤，于是他们不得不被送走，与此同时，尽管该实验原先安排要进行两个星期，但六天之后，兹班铎关闭了实验用的“监狱”。

在当时，斯坦福监狱实验就存在很大争议，现在也是如此，有人从道德角度出发提出了批评，也有人认为该实验没有事先给予足够的告知并得到参与者的同意。兹班铎辩称，如果考虑到他并不知道将会发生什么事情，那么按道理来讲，他就无法事先得到参与者的同意。

这个实验，强有力地证明了以下结论：一个人在某一机构中进行的各种行为，与此人的个性并没有必然的因果关系——兹班铎将招募到的人员随机划分成实验组，就已经控制住了“人的个性”之类的变量。确切地说，我们实际看到的情况是：通过场景布置和“角色”定位，机构本身的性质对身处其间的各个“演员”的行为产生了影响。人们身在机构中，比如说监狱之类的，这个时候，他们的行为似乎遵循了某一种“心理定式”。而且，大家本来都想当然地以为“机构是理性的组织”，但是这种心理定式很可能与这种想当然唱起了反调。不过，这个实验看来也弄出了令人毛骨悚然的结论：非常简单，任何人只要戴上一副墨镜，穿上一套制服，都有可能摇身一变，变成一个虐待狂。

也许这个实验本身不够强悍扎实，无法就此得出以上结论。另外，该实验的样本规模相对偏小，而且实验也没做完，也没能够恰当地重复几次。2001—2002年，在斯坦福监狱实验的基础上，人们又进行了一项研究，同时BBC录制了实验经过，但是实验结果差异很大，而且人们还发现两次实验出现的情况，根本无法拿来进行比较。

虚假记忆

False Memory

一件没发生过的事情，我却“明明记得”

无论是扭曲的回忆，还是完全出于想象的记忆，都属于虚假记忆。

虚假记忆的现象很常见，这一点非常令人吃惊。打一个典型的比方，假如我们将“记忆”与“文件管理工作”进行类比，尤其是人们在回想从档案柜里检索一份文件，或者从图书馆借的一本书，又或者上网查找某个网页时，我们会发现人的想法很容易产生误差，那么就意味着产生了虚假记忆的情况，这种差错非常常见。回忆是一个重建的过程，有时候，干脆就是一个纯粹的臆造过程。从某种意义上讲，所有的记忆都是虚假的，因为它们并非事件或者经历的客观复印件。

虚假记忆的形成方式多种多样，人们在用不完整的记忆碎片重建某一段记忆的时候，可能就会对这段记忆中的某些关键点进行移花接木和添油加醋。比如，你可能记得某次谈话，但是混淆了哪些人说了哪些话。曾经发生过这样一件丑闻，轰动一时：有一位女士控告记忆专家唐纳德·汤普森，说他强奸了自己，但实际上，这出虚假记忆闹剧就是因为在事发前，她刚在电视里看过唐纳德接受采访的节目，结果就臆造出了这个事件。记忆也可以完全胡编乱造，而且通过暗示，还能让记忆在脑海中扎根。特别是，当某人处在一些易受操纵的状态下，比如接受催眠的时候，或者还有些人本身就易受蛊惑，比如小孩子和沉溺幻想的人，他们都非常容易被植入记忆。通过接受提问、催眠以及类似的方法，某些人大脑中的这些程序就会被启动，并且程序的走向也会受到外界的引导。

事实上，要在别人的大脑中植入错误记忆，方法非常简单，科学家们现在已经通过实验找到了一些简单的方法。曾有一个经典的实验例子揭示了“信息误导效应”，简单地说，就是在实验中，故意给实验对象提供误导信息，随后，这些信息都被嵌入了他们的记忆里。具体过程如下：给两组人员看一段交通事故的录像，然后，实验人员提出了一个带有倾向性的问题，将误导信息传递给其中一组人员。实验人员提出的问题就是：“在前面那辆白色的车在等红灯的时候，后面那辆红色的车超车了，你看到这个情况了吗？”但实际上，根本就没有红绿灯，但是很多参加实验的人都错误地记得现场有红绿灯。

另外，还有其他一些实验也证实了以下结论：有些虚假记忆，让人以为自己曾经受到过某种事件的伤害，甚至记忆中还有全面的场景和完整的情节，如此臆造的回忆都能被植入人的大脑。曾有一项著名的实验，实验的结果是让实验对象相信在童年时，自己曾经在商场走丢过。另外还有一项实验，实验结果是将实验对象的大脑中植入“曾经受过某一动物袭击”的记忆。心理学上有一个经典例子，就是儿童心理发育研究领域的开拓者让·皮亚杰的错误记忆，他曾误以为自己曾经经历过一次绑架事件，而这仅仅是因为他的保姆声称在他很小的时候，帮他击退了一次对他的绑架企图，而且他还能回忆起这件事情的一些具体细节。但是后来，保姆承认根本没这回事，纯属捏造。

像这样极端的例子，就是现在所谓的“错误记忆综合征”（false memory syndrome，即FMS）。人一旦患上了这种病症，就会产生非常严重的后果。在临床上、法律上，以及社会生活的各个方面中，FMS有时候甚至会带来一系列悲剧性的后果。在带有导向性的询问技巧和催眠术的作用下，有些所谓的记忆“被恢复”了，但实际上，这个人只是出现了大量的虚构症，其内容千奇百怪，包括儿童时期曾遭受过性虐待、在撒旦典礼上遭到凌虐和被外星人绑架过。基本上，人们批评“虚假记忆”带来的糟糕后果，主要集中在两方面，一是有些人声称自己被外星人绑架过，在现代社会，会出现这个群体和这种现象，都是“虚假记忆”在作祟；二是“虚假记忆”引发的性虐待恐慌心理，已经毁了不少家庭。

前世重现

FMS可能可以解释“前世重现”现象。所谓“前世重现”，就是指一个人在催眠状态下，他声称回忆起了前世生活的一些详细场景和具体事件。1956年，由于莫瑞·伯恩斯坦的《寻找布瑞迪·莫菲》（*The Search for Bridey Murphy*）一书大获成功，所以“前世重现”名声大噪。此书详细地描写了一个名叫弗吉尼亚·泰格的女子，如何在催眠中“回忆”起她的前世：那个时候，她是一个生活在19世纪的穷苦爱尔兰妇女，还回忆起了一些故事、歌谣和生活中的点点滴滴，故事看起来像真的一样。后来，有报社进行调查，发现爱尔兰历史上根本查无此人，倒是在泰格小时候住过的地方，对面有一个叫布瑞迪·莫菲的人。扭曲的记忆和催眠的暗示，这些东西被搅和在一起，产生了FMS现象，结果就成了她的前世“回忆”了。

催 眠

Hypnosis

真有这回事，但你不信就没效

催眠会让人表现出一种特殊的心理状态，被催眠者会产生诸如神情恍惚和易受教唆等特征。现代人对催眠的定义，是将其描述成一种催眠师和被催眠者之间的关系（催眠师和被催眠者可能是同一个人），这种关系可能或者未必能够表现出一种已被改变了的意识状态。

在所有的人类文化中，整个历史上，类似催眠或者与催眠有关的现象可以说是比比皆是。通常来说，催眠或者与催眠有关的现象，都是在发生在宗教场合或者神秘环境中。但是现代意义上的催眠，其源头是麦斯麦术①。

① 麦斯麦术（mesmerism），是一种古老的催眠术，是由奥地利医生麦斯麦发现的。

18世纪，奥地利医生弗兰兹·安东·麦斯麦（1734—1815）声称，天地之间，有一种被称为“动物磁力”的流动力量，无论任何人都会放散出一种磁石的流质，而且都可以随意运用这种流质影响他人的精神和肉体。如果该力量确实能够被操控和引导，就能对人的心理和生理产生巨大的影响。他在临床实验时，用磁石按摩人们的身体，通磁于他们身上，或以自己作为磁力的源泉，发现常会使患者发生现代所称的催眠状态。法国成立了一个皇家委员会，负责人是本杰明·富兰克林。委员会经过研究，得出的结论是：麦斯麦的理论毫无根据，其效果完全是想象和暗示的产物。不过，麦斯麦揭示的现象，一直让人们非常感兴趣。19世纪，苏格兰医生詹姆斯·布雷德（1795—1860）提出了“催眠”这个术语，该词源自希腊语，意即“睡眠的状态”。另外，在精神病学的发展历史上，催眠在实践中扮演了非常重要的角色。夏科、布洛伊尔和弗洛伊德都采用过催眠术，而且，催眠术促使弗洛伊德提出了关于潜意识的理论，他指出了潜意识在心理活动中的角色。1933年，美国心理学家克拉克·赫尔通过实验得出了一个结论，即，催眠产生的效果是真实的、可验证的，包括麻醉、止痛和遗忘等所有步骤，都可以重复进行。后来，催眠得到了广泛应用，从精神治疗到美剧《法律与秩序》（*Law & Order*）中的情节，从休闲节目到采用另类疗法的时髦生活方式，再到对被外星人绑架问题的研究中，催眠无处不在。不过，几乎所有的例子都存在争议，而且里面充斥着各种错谬的观念。

弗洛伊德很快就摈弃了催眠的理论，他的理由是：不是每个人都会受催眠的影响。从那以后，人们对催眠术能够产生的效果进行了等级划分，结论就是，人群中大概有15%的人能够抗拒催眠，还有大约15%的人特别容易被催眠。每个人对催眠的易感程度都是稳定不变的，因此说明“能被催眠”是一种性格特点。如果人相信催眠术，相信自己在催眠中经历的一切都是真实的，那么，这就说明他能够被催眠了。换而言之，一个人只要相信催眠术，就是催眠术能够发挥作用最有力的预兆了。

但是，不是所有人都相信催眠是真的，即，有人就是不相信催眠后的状态是一种特殊的真实的意识状态。如果说催眠后呈现出的状态是一种真实情景，那么，这种说法与催眠术在大众眼中的形象不符。因为人被催眠后的感受经历，非常奇特诡谲，所以在大众眼里，催眠是一种异术，甚至带着几分神秘色彩。用J.F.凯尔斯壮的话来说就是，“催眠与人们主观上的相信程度有关，它近似于幻觉，是一种身临其境的无意识状态，接近被强迫”。然而，对这些说法，越深究就越发觉它们不可信，于是，很多研究者认为，人们在催眠后的状态并非意识的特殊形式或者变形的意识形式。

对于催眠的这种“非意识状态”的说法，可以用“社会认知假说理论”加以解释。该理论认为，催眠是通过某种人际结构产生的效果，也就是说，在双方的关系中存在一种“可习得”的行为；

双方心照不宣地利用这种行为，最后就出现了互相配合的默契情景。现在我们用戏剧舞台来形象地说明这个问题：被催眠者像演员一样，他身处某一场景，跟随某个充满着暗示的脚本扮演了一个角色；在这个场景中，他根据暗示表现出来的行为都是符合预期的，也是被允许的。

舞台节目的特点就是演员根据剧本设定的场景进行表演，所以演员在上台后，能够进入表演状态，也可以说他们是进入了某一种被催眠的状态。现在，我们回到精神治疗的问题上，精神治疗中采取的催眠方法也具有这个特点。在这个范畴中，催眠只不过是安慰剂的一种形式，同样具备以下条件：各种示意、一个具有跃跃欲试的客户，外加诊所的环境。有了这些条件，于是就形成了一种系统，而且，从表面上看，这个系统貌似条理清晰、符合逻辑。在大众观念中，很多关于催眠的说法都是以讹传讹。比如，一般人会认为催眠能够提高记忆力或者唤醒回忆，但实际上，催眠无法做到这两点；而且，真实的情况是，利用催眠“唤回”的回忆充满了危险性和危害因素，并且会导致被催眠人出现“错误记忆”。现实中，根本不存在违背被催眠人意志的催眠；而且，虽然从表面上看，是催眠师控制了整个过程，但实际上，被催眠的人并没有被变成无意识的傀儡。

但是，催眠还有另外一面。在正常情况下，有些状况很明显是属于人体的运作过程，通常情况下，这些过程都是自然而然地、在无意识地情况下进行的。比如，人无法有意识地控制自己的血管舒张，也就是说，人无法通过意识来控制自己血管的流量，但是有一点很奇妙，通过催眠，被催眠人就能够控制这个过程，以及控制类似的人体运作。因此，综上所述，从这类效果上看，我们似乎觉得通过催眠，人能够进入某种其他的意识形态方式，也就是说关于催眠的“意识状态理论”，某些方面可能是真实的。而且，到目前为止，在催眠的过程中，还真的发生了一些奇特、值得注意的事情。

巴甫洛夫的狗

Pavlov Dog

如果你听到铃响就想吃饭……

所谓巴甫洛夫的狗，指的是俄国生理学家伊凡·巴甫洛夫（1849—1936）在动物实验中，用到的一只狗。但是随后这成了一个专门的术语，指的是：在某种刺激下，任何动物（包括任何人）都会无意识地出现条件反射现象。在最初的实验中，这类刺激包括很多东西，从形状到颜色，再到音调，一应俱全，但是最有名的，还是铃声。

因为这些条件反射实验，巴甫洛夫为世人所铭记。不过，他在做这些实验之前，已经是一位举足轻重的生理学家了。他致力于消化系统的神经控制研究，该项研究让他拥有了问鼎诺贝尔奖的资格，并且在1904年，实至名归地获得了诺奖。他在职业生涯的早期，加入了海登海因实验室，该实验室位于波兰的南部城市布雷斯劳。在研究动物循环系统的工作中，该实验室拿狗当作研究对象。他的外科技术高超，能够在狗的生理结构里开出“活命窗口”，用这个办法就不会杀死做实验的狗。他可以把狗胃的一部分扯到腹壁外面，扎成体外的袋子，这样就能够直接观察并且取样；后来，他在狗的喉部开缝隙的技术也达到了完美的境界，这样入口的食物在进入胃部之前，就可以被截取出来。巴甫洛夫强调要研究活体动物的整体生理运作方式，为此，他研制了一种装置，利用该装置，可以分别收集唾液和胃液，并且分别测量；这样一来，就给动物的生理反应和神经反应提供了一种量化的方式。“巴甫洛夫的狗”本身就成了一种实验技术，到了最后，巴甫洛夫开始利用这种技术探寻大脑最深处的各种运作流程。

在研究工作中，巴甫洛夫观察到，那些狗只要一看到实验室工作人员就开始流口水，显而易见，就是想吃工作人员带来的食物，他管这个叫作“精神唾液”。在达尔文理论中，有部分内容对动物行为进行论述，也谈到了在动物适应环境的过程中，“本能”扮演的角色，“精神唾液”这个情况刚好吻合了进化论。还有，另一位科学家I.M.谢诺切夫通过研究提出一个观点，就是动物脑子里想的所有事情，都是条件反射；于是，巴甫洛夫下定决心要好好研究一番“精神唾液”。

他通过一系列经典的实验表明：用训练的手段，是有可能让一只狗将一个与食物无关的刺激物（即“中性刺激物”）与期盼的食物联系起来的；那么，当这只狗看到该“中性刺激物”的时候，就能分泌大量的唾液，就像它看到一碗食物一样。当然，用食物作为刺激物，狗分泌唾液就更正常了。巴甫洛夫把这种新形成的反应叫作“条件反射（CR）”，而那种原始的反应就是“非条件反射（UCR）”。正常情况下，“非条件刺激物”（UCS）引起“非条件反射”（UCR），但是通过条件反射训练，一个“中性刺激物（NS）”成了一个“条件刺激物（CS）”，CS引发出“条件反射CR”。在翻译过程中，“条件”（conditional）一词变成了“设定条件的”（conditioned），所以，在英语世界中，CS和CR代表着“设定条件的刺激物”及其反应。说法语的地方，依然采用了巴甫洛夫的原始版本。整个过程就是现在为世人所知的经典的条件反射实验，而且，由于巴甫洛夫采用的专业术语，使得人们差不多可以用代数的语言风格，来阐述心理学问题，至少在部分领域做到了。

UCS（非条件刺激物）→ UCR（非条件反射）

NS（中性刺激物）+ UCS（非条件刺激物）→ UCR（非条件反射）

NS（中性刺激物）= CS（条件刺激物）

CS（条件刺激物）→ CR（条件反射）

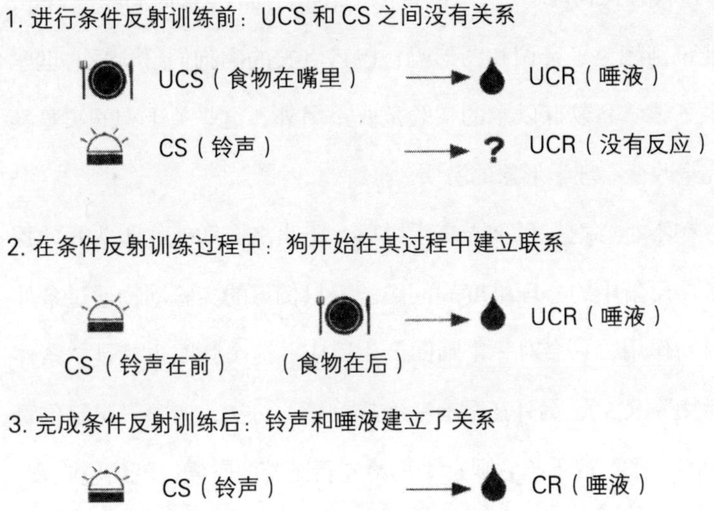

巴甫洛夫用达尔文主义的术语，解释了这个经典的条件反射实验。他说条件反射可以让动物形成临时的反应机制，在一个充满变数和不可预知的环境中，这种机制能让动物更好地适应环境，具有相当大的价值。对真正的科学心理学来说，在理论和实践两方面，动物或人表现出来的现象是学科的基础；这种观点对心理学中的行为主义理论产生了巨大的影响（见“斯金纳箱”部分），当时行为主义学派正处上升阶段。这个经典的条件反射实验不仅给人们提供了一种了解动物的实验模式，另外，就此引申开去，也能采用类似的方法理解人类的行为；而且，一旦在动物身上建立了某种条件反射关系，那么就让动物通过条件反射产生唾液，科学家可以用唾液来进行更深一步的研究，去测定犬齿类动物的感觉，这种方式既客观，又可以量化。比如，狗能掌握时间吗？另外，狗能识别颜色、音调和图形吗？巴甫洛夫的狗狗们给科学心理学提供了该学科梦寐以求的实验范式；另外，这些关于狗的实验具有完全改变心理学形象的潜质。

在不小心把一只狗弄疯了以后，巴甫洛夫和他的团队开始探索条件反射中的心理维度的问题。一只倒霉的实验动物通过条件反射的作用，它会对一个圆圈产生反应，这个圆圈也就是“条件刺激物”（CS），另外还配有一个椭圆圈。每次，实验人员给狗看椭圆的时候，就不给它喂食；而给它看圆圈的时候，就给它吃食。接着，实验人员给这只狗看一系列的椭圆圈，这些椭圆圈变得越来越圆了，到了最后，接近圆圈了，很难区分出椭圆和圆圈了。虽然，这只狗似乎能够做出良好的判断，但是很显然，情况的不确定性让这只狗背负上了心理压力，于是，这只晦气的动物变得越来越忧心忡忡，也变得越来越焦虑不安了，巴甫洛夫给此情况取名“实验性神经衰弱症”。动物神经的控制系统与生俱来，是先天的，同时，动物的行为模式可以被修正——这两者之间的互动，让他产生了兴趣；因为这个兴趣，使他着手创办了一家研究所，致力于研究“行为遗传学”，但不久以后，1936年，他就去世了。他去世的时候，已经是苏联科学界的泰山北斗了，也是苏联的文化偶像了。

斯金纳箱

Skinner Box

训练老鼠、鸽子、部属和女儿，道理都是一样的

斯金纳箱指的是，美国心理学家B.F.斯金纳在1929年设计的一个实验器材。

这个箱子的基本样式是长宽高均为30厘米，阻断光线和声音，让里面的动物（通常都是老鼠）与外界隔绝，不受干扰，并且保证实验人员能够控制给予实验对象的刺激。箱体里有一个装置，这个装置的名称不少，有叫操作锤、操作杆、操作按钮的，也有叫操作框的，就是动物能够操作的东西；还有一个是给予奖励的装置，比如食物斗或者输水管。实验人员可以用这个器材，通过对动物采取奖励措施的方式，对它进行训练，或者让它习惯在操作杠上进行工作，也就是人们所说的“强化正能量”，这种训练或者学习方式被称之为“操作性条件反射”。在此基础上，斯金纳箱

还有一些改装设备，比如电流板，可以“强化消极力量”；以及音箱或者屏幕，这是为了给里面的动物，提供诸如自然景象或者音乐等刺激源。

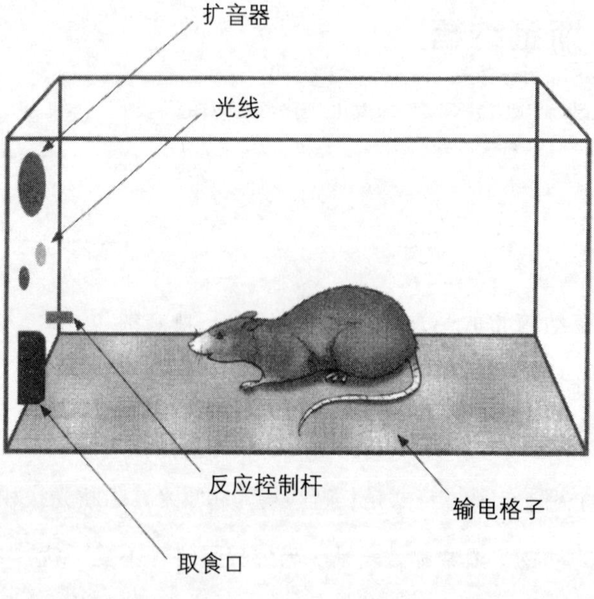

E.L.桑戴克发明了一种被称之为桑戴克迷箱（Thorndike puzzle box）的类似设备。人们一般认为，这种箱子在设计和效果上，“纯正度”比斯金纳箱要差一些。斯金纳箱的要点是用动物做实验，但是它的实验控制能力更上一层楼，达到了更为严格的科学水平，比如物理学或者化学。

斯金纳的灵感来自巴甫洛夫的格言，“只要控制住各种外部条件，那么接着，你就会看到动物按部就班地出现各种行为。”他是一个行为学理论的坚定支持者，行为主义学说是心理学的一个学派，其理论完全不考虑大脑内在的思维过程。他们认为，从本质上讲，思维过程是不可认知的，该理论只研究各种行为。斯金纳提出了一种包罗万象的行为主义理论，用此理论，人类所有的行为都可以用“正面强化”和“负面强化”两种术语进行解释。比如，他解释道，他一直保持自己特定的演讲风格，就是因为正面强化（也就是说观众喜欢）。他说，实际上，根据“操作性条件反射（强化疗法）”理论，根本没有所谓的“自由意志”这种东西，而且人类所有的思维活动，只不过是被“反馈回路”控制的各种过程；这些过程经过人心的一番装点粉饰，然后被摆上了台面，成了我们意识层面的想法。

在斯金纳眼里，“理论”多少属于一个下等词，他对实际应用更感兴趣。在二战期间，他筹谋了“鸽子计划”（又称“Project Orcon”，即“有机控制”之意），也就是人们所说的“在一艘鹈鹕运兵船上，运送鸽子”的计划。他利用条件反射的办法，通过让鸽子在一个目标的仿制物上啄食的方式，训练鸽子们引导导弹。令人叹为观止的是，这个计划的确产生了效果，但是军方从来不曾追捧这个办法。斯金纳还将其理论应用到自己的孩子身上，有一个事件很有名：他给尚在襁褓的女儿，造出了一个“婴儿盒子”，或者说是“空中婴儿床”，这东西像某种隔绝细菌的玩耍围栏，通过各种条件反射的技巧，他可以用这个盒子逗孩子玩，也可以对她进行教育。无可避免地，在公众的印象中，这个“婴儿盒子”和给老鼠准备的“斯金纳盒子”被混成一谈了——对公众这种自行脑补的想法，还有给他的实验仪器取的这个名字，他都拒绝接受。

需求层次理论

Maslow and his Hierarchy of Needs

改变人的行为，不能像训练动物一样

亚布拉汉姆·马斯洛（1908—1970）是一位美国心理学家，在心理学“第三种力量”[①] 这一领域，他的影响甚广。

在个人心理学的领域中，他努力熔铸一种更具人本主义色彩的研究方式，这种运动就是大家所说的心理学的“第三种力量”，这也开启了重新定位心理学的历程：心理学的目标转向了人类的幸福和福祉。现在，积极心理学（在个人成就、专业建树和心理健康等方面，人要形成乐观积极的态度，这就是积极心理学）大行其道，该心理学流派的很大一部分内容可以追溯到马斯洛的学

① 第三种力量（the third force），指人本主义心理学。

说。依次追溯下去，萨特的存在主义，还有荣格关于个性形成的理论，以及心理学的精神分析学派，都对他产生了影响；另外还有当时大受追捧的行为主义理论，马斯洛刚开始从业的时候，就是一个行为主义者，但是随着时间的推移，他对行为主义者的那些专家感到非常不满，于是开创了自己的理论。

他的主要学术成果就是需求层次理论，该理论阐述了控制人类行为的各种需求，以及由各种需求产生的不同的个人价值，还有这些需求引发的人们的各种认知和行为。根据马斯洛的说法，人类既有较低层次的需求，或者说是满足基本“匮乏”的需求，也有较高层次的需求，或者说是追求“成长”的需求。基本需求包括免于饥渴，要有栖身之所，有安全感、有归属感和被他人所爱，还有自尊等。人追求成长的需求则被归纳到“自我实现”的类别里，“自我实现”一词最早是由库尔特·格德斯坦（1878—1965）提出的。格德斯坦为了描述他认为的人心中唯一的真正动机，于是提出了这个词，而且他的理论基础是荣格关于个性的理念。

一个人要想成功地做到“自我实现”，需要很多条件，比如公正、人格完整、长相俊美、有特别之处，还要有主见。单就对个人的品性来说，“自我实现”也有各种要求，如需要这个人具有一种冷静的幽默感，交友倾向少而精，能对抗外界的压力，能超越周遭的环境，而不仅仅是能应付环境。马斯洛还意识到有一些需求的层次，比“自我实现”还要高，比如探索发现、超凡入圣和美。

如果能满足人在这个层面的需求，就会带来巅峰体验：那些超凡入圣的时刻会带着一个人超越“自我实现”的层面，进入了马斯洛所谓的“Z”领域——这个领域超越了空间和时间，其特征就是，人们能够深深地感受到一种自然而然、充满和谐的天人合一的境界。有时候，巅峰体验又被称之为“万能感”（oceanic feeling）。

马斯洛学说体系存在几个问题。有一个被称作“社会分析”的学派，该学派的理论凸显了“归属感的需求”和“自尊”这两者之间的龃龉，也就是说“跟随”和“带头”这两者具有不兼容性——前者强调“顺从”和“一致”，后者定会排斥这两样东西。在现实生活中，“跟随”和“带头”之间形成了持久的社会张力，甚至对于那些能够更好地适应社会的人们也是如此，他们都是世故练达的人，当他们碰到需要平衡“归属”与“自尊”的时候，也会产生紧张感。

现在看来，马斯洛似乎没有点出这种不一致，但是他的确意识到了“自我实现”的难度。1970年，他开列了一张名单，做到自我实现的人，历史上只有九位人物（包括贝多芬、爱因斯坦、林肯、杰弗逊、梭罗、罗斯福和惠特曼）和九位在世的人。在20世纪70年代，临床心理学家泰德·朗兹曼医生根据马斯洛的理论，说这样一个各项机能都堪称完美的人，应该属于“外表美丽，情操高尚”的种类。

马斯洛拒绝采用机械的量化方法，他认为采用这种方法会将心理学带入歧途；他强调一种整体的、人文主义的方法，他的理论包含亲切乐观的信息，所以一直具有广泛的吸引力。

根据《心理学人物传略辞典》(*Biographical Dictionary of Psychology*)，马斯洛的理论尤其受到学生们的欢迎，“部分原因是该理论简单，而且表面看上去很有道理，另外一部分原因是他们可能以前在哪里看到过这些理论（很多教科书上都有他的理论）”。批评者说他的理论只不过是宗教的替代品，是世俗的意识形态，里面的内容混淆了学说和意识形态，混淆了华美的辞藻和研究内容，所以他的理论无法接受检测，也就是说这个理论也无法证伪，应属伪科学的行列。

聪明的汉斯

Clever Hans

动物能给你要的答案，人未必

聪明的汉斯，也就是德语里的“der kluge Hans”，指的是一匹马，显而易见，这匹马在接受了训练之后，能听懂人说话，会做算术，甚至可能会察言观色。通过进行“控制周围因素的实验”，揭示出了以下现象：这匹马根据提问者给出的肢体语言暗示做出回应，以此来模仿理解行为。这种实验效果就是大家现在知道的“聪明的汉斯效应”或者“聪明的汉斯现象”。

大概在19世纪末到20世纪初的时候，退休的德国数学教师威廉·凡·奥森（1838—1909）在埃尔伯菲尔德城训练了汉斯。1901年，汉斯登上了世界舞台：它能够进行相当复杂的算数（比如开平方根），通过轻轻敲打自己的蹄子告诉大家答案，这项本领让所有参观者都啧啧称奇。甚至是凡·奥森不在场的情况下，这匹马的表演也获得极大成功，于是，那些心存怀疑的人都闭嘴了。为了解释汉斯的超凡本领，各种理论也是层出不穷，包括动物的高智商水平和心灵感应。汉斯只不过是几匹“埃尔伯菲尔德城的马”之一，这些都是根据卡尔·克拉尔的理论训练出来的马匹。卡尔·克拉尔是一位性格古怪，但是具有相当影响力的动物心理学家，他的理论很快在德国流行开来。还有一匹“埃尔伯菲尔德的马”，名叫穆罕默德，据称能开立方根，会评论音乐，还会拼写。甚至到后来，用克拉尔的模式，人们还训练出了一只“聪明”的狗，据说它会进行哲学思考，以及欣赏文学作品。

但是，在1904年的时候，心理学家奥斯卡·芬格斯特（1874—1932）对汉斯进行了研究。为了控制各种实验因素，他采用了多种巧妙的方式。比如，芬格斯特让一个人在汉斯的右耳嘀咕一个数字，然后又让另外一个人在它的左耳里嘀咕一个数字——这样一来，这两个做实验的人无法知道两个数字相加的结果。在这样的条件下，汉斯就无法表演了，所以，由此证明：汉斯所做的就是一直轻敲蹄子，直到提问的人下意识地给了它暗示——通过微妙的、不出声的信号，诸如改变姿势等方式，有了这些暗示，汉斯就知道要停下来了。芬格斯特观察到提问的人会无心地给出暗示，他甚至还清晰地阐述了整个机制：提问的人结束问题后，等着汉斯开始回答；这时候，他的视线就会从平视变成低头看汉斯的蹄子。当汉斯敲到正确答案的时候，提问的人一般就会站直了，然后改变呼吸模式。凡·奥森戴着宽沿帽，更容易放大头部任何细微的活动，可能就是这样帮他的马匹们学会了捕捉肢体语言的暗示。

在研究动物智商的领域，以及研究人与动物交流的领域中，“聪明的汉斯”效应具有举足轻重的地位。这种情况持续蔓延，并且搅乱了有关研究，比如，黑猩猩用手语交流的能力。针对患有孤独症和交流有缺陷的人群，有一种治疗方法叫作“器材辅助交流法”；在关于这种疗法的各种谈论中，“汉斯效应”也扮演了一个具有争议性的角色。在进行“器材辅助交流法”的过程中，给那些原先无法交流的人们提供器材，比如键盘、画板和综合器材；接着，显而易见，那些人似乎表现出了更高的智商以及/或者更好的语言水平。但是，在进行“器材辅助交流法”的因素控制研究中，由于器材提供者不经意流露出来的反应/暗示，人们会发现某种形式的“聪明的汉斯”效应起了作用。对那些会引起反应的刺激源，如果器材提供者处于“盲目”状态的时候，换而言之，就是提供者无法给出暗示的时候，那些残障人士的表现就有失水准了。

在科学的各个领域中，在设计实验的时候，像“聪明的汉斯”之类的现象，也被称之为“罗森萨尔效应”(“罗氏效应”)，都是需要重点考虑的问题。要事先采取预防措施，诸如保证双方都不能看到对方给出的信号(实验过程中，无论实验人员，还是接受实验的人，都要做到这一点)，否则的话，实验人员就会在无意间影响实验结果，污染实验成果。

厌恶疗法

Aversion Therapy

从戒烟到“治疗”同性恋，不能太过分

厌恶疗法是一种心理治疗的方法，即，将“一个人的特定想法和/或行为”与“消极的结果”进行绑定，这样一来，此人就会变得“不愿意”（或者逃避/厌恶）上述想法/行为。一个典型的厌恶疗法例子就是戒酒方法：给酗酒的人吃下一种药片，每当他们喝酒时，就会呕吐，以此让他们实现戒酒的目的。

厌恶疗法是一种行为矫正方式或者行为治疗方式，因为动物（包括人类）一路进化过来，都学会了一样本事，就是碰到危险的刺激物，马上撒腿就跑。在吃下某些食物后，立刻产生恶心的感觉，“绑定式食物厌恶法”就是建立这两者之间的联动模式，最终形成效果持久、根深蒂固的厌恶感（比如曾有案例，有人因为食用了腐坏的贝类海鲜，于是生病了，接着发展到后来，此人只要看见、闻到，甚至只要一想起海鲜，马上就会恶心）。

作为一种治疗方式，厌恶疗法的发展源自“基于特定条件的研究”，比如巴甫洛夫的狗和斯金纳的箱子（之前有章节已分别阐述了这两方面的内容）。比如，有些狗狗在接受训练后，会把某些特定的刺激物和电击联系起来，很快，它们就开始讨厌上述刺激物了。如果这样的试验听起来很残酷，那么想象一下那些应用在人类身上的厌恶疗法，以及引发的诸多伦理问题。然而，从20世纪20年代开始，一直到现在，此类顾虑并未阻止人们采用厌恶疗法，实际上，人们一直使用该疗法。

余波未了

人类第一次采用厌恶疗法，可能是在1925年，当时，人们为了治疗酗酒问题，使用了电击疗法。十年后，人们又首次尝试利用化学制剂采取厌恶疗法，时至今日，安踏普斯（Antabuse）品牌旗下的戒酒硫（专利名称disulfuram，中文译名二硫龙）依然还使用这种配方，即，在某人喝酒后，为其开出这个处方，服下药后便会引发恶心、呕吐和心悸的反应。

更具争议性的是，厌恶疗法曾经广泛地用于“治疗”同性恋，因为同性恋曾在很长一段时间被视为一种病态，这种观念一直延续到了20世纪60年代后期，其余波还持续了一段时间。比如，1935年，有一个男子接受治疗，先是安排他观看同性情色作品，然后，在他认真欣赏的时候，对他进行电击。从1963年开始，还有一个类似的试验，让一个男人赤脚站在一块可通电的金属板上，然后给他看裸体男子的图片，同时给予电击。有传闻说，在4000次电击后，这位接受试验的对象变成了一名双性恋。

20世纪50年代后期，精神病学家科特·弗洛德开始研发这方面的药物，接着，针对同性恋的厌恶疗法一路踉踉跄跄地走来，最终演变成了闹剧。当弗洛德给他的那些受害者观看裸体男人图片的时候，他同时采用阿朴吗啡[①]让这些人产生具有危险性和悲惨痛苦的症状，包括恶心和呕吐。他还开发出了一种绑缚阴茎的橡皮筋装置，这种装置能够记录任何一次勃起；于是，许多人认为这个装置能起到某种“性的测谎仪”的作用，即检测出那些无法抑制的性反应。闹剧最终会演变成悲剧，这可能是无法避免的。1964年，一位患有心脏病的英国男子，就是死于这种针对同性恋的药物厌恶疗法。死之前，他先是被灌入了引发呕吐的药物，然后，让其参与一场关于同性恋的讨论；接着，他服用了一定剂量的迷幻药（LSD），之后又参与了关于异性恋情色作品的讨论！

① 阿朴吗啡（apomorphine），是一种催吐药物。

正如语言学家休·罗森所说，“那些被迫经历这一切的人们，如果从他们的角度来看，很难区别‘厌恶疗法’和酷刑折磨的不同。”然而，尽管如此，直至20世纪80年代中期，在美国的某些地方，继续采用这种疗法的场合还有很多；而且，即使是现在，在世界其他地方，可能依然有人继续采用这种方法。

波波玩偶实验（不倒翁实验）

Bobo Doll

暴力的玩耍，都是模仿大人的行为

波波玩偶，又称波比娃娃，是一个充气的大玩具，形状像保龄球杯，然后被绘制成小丑的模样，圆形的底座有一定的分量，不管如何拳打脚踢，这个大玩具都会弹回来。

美国当代著名心理学家阿尔伯特·班杜拉（1925—　）做了一系列经典的心理学实验，在这些实验记录中，波比娃娃实验名气很大。在该实验中，显而易见，孩子们更容易去模仿“榜样”的暴力行径，不管这个“榜样”是在同一房间里的大人，还是在电视上看到的成年人。

班杜拉的“社会学习理论”认为：人的很多行为都是通过模仿“榜样”学来的，特别是模仿父母或者其他生活中重要的成年人，

同时，也模仿大众传媒上的那些“榜样”。1961年，作为斯坦福大学的一名教授，他做了一项实验，对这个理论进行了检验。实验安排如下：安排一些孩子们在一间游戏室里玩耍，室内放置了玩具；他们的年龄介于三岁到六岁，里面有男孩，也有女孩。然后，有一个成年人进来，接着他开始痛殴一个五英尺(约合1.5米——译者注)高的波比娃娃。接着，又拿一个儿童大小、三英尺高的波比娃娃，让孩子们和这个玩具玩耍；那些曾经看过“好斗榜样”的孩子们，更容易亲自动手去殴打波比娃娃，男孩们比女孩们更有可能进行身体上的攻击，另外一个普遍现象，就是孩子们更容易模仿男性“榜样”。稍后，进行了另一组的实验，这次，观看了“暴力榜样”录像的孩子们，对待波比娃娃的方式，往往更加暴力。

人们经常引用波比娃娃的实验，来证明影视作品中的暴力内容会产生潜移默化的作用。另外，有一种说法是：儿童通过观察他人，并且进行相应的模仿，来学会如何为人处世。表面看来，这个实验似乎也验证了这个说法。但是，在心理学领域，这批经典实验是否真的能说明问题，是存在争议的。此类实验不仅涉及是否道德等伦理问题，而且，波比娃娃实验还有一点存有争议，就是缺乏“构念效度”[①]，也就是说孩子们表现出来的“攻击”行径更像是闹哄哄的淘气捣蛋，而且他们在行动过程中是一直嘻嘻哈哈的态度——换句话说，对真实世界中的暴力行径，班杜拉的实验并不一定能做出多少令人信服的解释，也可以说这个实验缺乏“生态效度”[②]。

对于这个实验，更严厉的批评可能是：孩子们表现出来的举动更像是符合实验过程中的“需求特性”，即，孩子们察觉到做实验者的需求，他们就会努力投其所好，就是说实验者想看什么表现，他们就如何表现。孩子们看到一个大人殴打波比娃娃一顿，于是觉得他们也应该这么做。在心理学实验的领域中，“需求特性”是一个非常头疼的问题，这个波比娃娃实验就是一个典型的例证。波比娃娃作为一种玩具，现在依然随处可见，只不过如今，它们有了一个更流行的称呼，叫“Bop Bags”（即中文的“不倒翁”——译者注）。如果不做伦理道德方面的考虑，你也可以重复这项实验，只是从根源上讲，这个实验就是存在缺陷的。

---

① 构念效度（construct validity），是指一个测量实际测到所要测量的理论结构和特质的程度，或者说测量能够说明测量的理论结构和特质的程度。
② 生态效度（ecological validity），是指研究结果能够概括化和适用于其他研究条件及情景的程度和能力。

电休克疗法

Electroconvulsive Therapy

电击可以治疗忧郁症吗?

电休克疗法（electroconvulsive therapy，即ECT），也被称为电击痉挛休克疗法，该疗法采用给人的整个头部通电流的方式，让接受治疗的患者产生痉挛或者惊厥的效果。那些接受这种疗法的人，会体验到类似于癫痫病患者的发病感受。

在现代ECT疗法中，医生都采用一对电极，电极的样子有点像以前电报员用的那种耳机，然后分别粘在两个太阳穴的位置，再通上弱电流（20~30毫安），随后引发治疗对象的抽搐。目前已经有规定，要求医生必须事先对治疗对象进行轻度的全身麻醉和肌肉松弛，所以这种抽搐并不会真的引起痉挛。早期的ECT都没有采用麻醉剂和肌肉松弛剂，所以，痉挛有可能引发骨折和其他损伤。ECT的一个疗程通常都是在几个星期内，接受六到十二次的电击，其副作用包括心律紊乱、头疼和失忆。

关于ECT疗法，现在还存在很多不确定的地方，也存在很大的争议，其中一点就牵涉到该疗法的首创者，即意大利神经科医生乌戈·切莱蒂（1877—1963），他在1938年第一次使用ECT。有一种说法是，切莱蒂看到猪在被屠宰前，人们会先用电击将其麻醉。根据对该现象的观察，切莱蒂得到了启发，于是发明了ECT。另一种说法是，他误以为癫痫病和精神分裂症不会同时发生在一个人身上，因此他得出一个结论，就是痉挛会有某种治疗精神疾患的效果。第三个版本的说法是，切莱蒂敏锐地观察到一种现象，就是同时患有癫痫症和抑郁症的病人，在痉挛发作以后，他们的情绪都得以改善，于是，他再一次得出结论：痉挛本身可能就具有某些治疗效果。不管切莱蒂最初是如何获得这个启发的，总之，ECT切切实实地、快速地改善了病人的情绪，特别是对那些想自杀的抑郁症患者，效果更是有目共睹。

在休克疗法中，并非仅有ECT这一种方式。比如，人们曾使用胰岛素和马特拉左耳（Metrazol）作为引发痉挛的药引，但是比起ECT，这些方式的成功率更低，危险性更高，所以，现在除了ECT之外，其他的方式已经都不再使用了。关于ECT的最大问题可能是：虽然人们认同这是一种有效的治疗办法，但是没人知道

ECT发挥作用的工作原理，也没人知道ECT为什么会有效。从表面上看，并非是休克本身具有疗效，而是休克引起的痉挛产生了作用。看来痉挛会影响大脑神经传递素的分泌（在神经细胞之间，进行信号传递的化学物质就是神经传递素），并且痉挛能让大脑释放出某些传递素，病提升其他传递素的功效。而且，还有一种可能：痉挛促使大脑释放出一种天然的、类似鸦片的镇痛剂，也就是内啡肽（enkephalin）。如果此类推测正确的话，那么就可以解释为什么ECT具有改善情绪的疗效了。

令人感到恐怖的疗法

ECT是一种争议甚大的治疗方式。从采用这种方式的那天起，在很长时间里，医生在治疗过程中一直没有使用麻醉剂。另外，据说在某些机构中，为了让一些棘手的病人听话，有时候会用ECT作为一种威胁和惩罚的手段。由于这些原因，在新闻媒体上，ECT的形象一直很糟糕。争议一直延伸到关于ECT的临床评价，即该疗法的安全程度，采用该疗法的时机，甚至该疗法是否真的有效等问题，医生们和精神病学家们的意见相左得非常厉害。有一些研究显示，在治疗重度抑郁症和严重的精神分裂紧张症的过程中，ECT比药物治疗的效果更明显，副作用更少。但是，另有一些研究显示，ECT不比安慰剂疗法高明多少，可以说几乎没什么效果，而且该疗法对记忆和大脑功能，它还可能带来非常严重的、长期的损害。

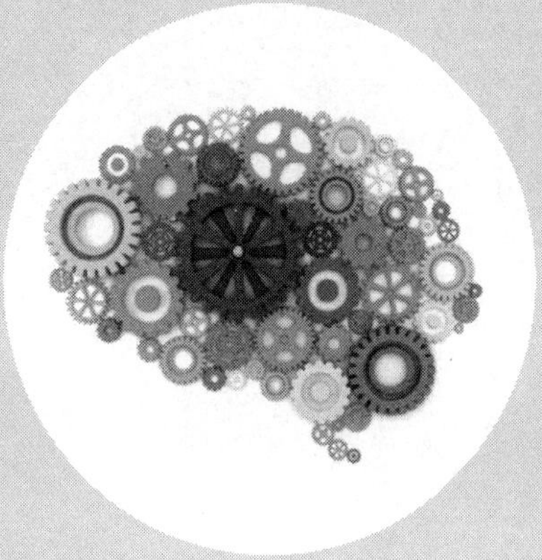

FREUDIAN SLIPS

All The Psychology You Need To Know

第四部分

原型、EQ、脑裂、阳具、墨迹测验

心理学家怎么解释人性

荣格：原型和集体无意识

Archetypes and the Collective Unconscious

原型和本能一样，都是与生俱来的

精神分析中的荣格一派认为：原型是信仰、观念和经验的体现，普遍存在于每个人的灵魂中，甚至，在那些未被揭开的真相中，“原型”可能就意味着某些本质内容。尽管每个人体验原型的过程，或者触碰原型的方式不同，但是原型的种子和框架根植在无意识中。荣格认为：由于这些原型普遍存在于人类的无意识中，所以它们形成了一种集体遗产，这就是他所谓的集体无意识。

“原型”的概念来自卡尔·古斯塔夫·荣格（1875—1961）的研究及其个人经历。荣格是一位来自瑞士的精神分析学家，曾被誉为“弗洛伊德王国的神圣继承人”，但后来他们的关系恶化，长期不和，互相怨恨。弗洛伊德曾经的同路人，很多最后都闹翻了（参看关于阿德勒的内容），荣格也是其中之一。一个引发两人争论的重要分歧点就是：对灵魂的神秘面，荣格有兴趣探究。因此，人们很容易对荣格的学说不屑一顾，就像弗洛伊德，他们认为原型和集体无意识只是神神叨叨的反科学言辞，只是玄乎其乎的神秘主义罢了。不过，荣格提出的关于“原型”的概念和论述，给人们留下了很大的讨论空间。他是否认为集体无意识是某种世界意识，或者是某种通灵的灵界？或者，在人类进化历程的早期，神经系统就演化成了如今的构造，相关内容已经深深地嵌入了我们的基因，所以，人类神经系统中的某些方面天生如此——集体无意识只是描述这种情况的一种简练方式？

当然了，荣格将“原型”和“本能”进行了对比。他认为，原型和本能一样，都是与生俱来的，神经结构是其硬件基础，但“本能控制行为”，“原型控制想法、感觉和认知能力”：特别是荣格学派的人称之为“灵性”的方面，也是由原型掌控的。认知心理学是心理学的一个流派，该学派采用类似计算机学科的术语来研究思维，并且假设出各种“思维模块”；而且，该学派对于大脑对观念、经验和想法的过滤和加工过程也进行了研究。通过这个方法，就能看出原型。换个说法，原型就像灵魂世界的重力源，吸引相关的概念和意象，并且赋予它们生命，使其栩栩如生。

荣格逐渐“意识到”原型，有三方面的原因，一是他个人的成长经历，二是阅读世界文学作品和了解世界文化的过程对他产生了影响，三是他自己有过通灵的经历。他说，一些病人虽然头脑简单、没有文化，但是他们描述的意象充满了象征意味，这些意象的源头晦涩神秘，并且来自其他文化。荣格作为一位精神分析学家，面对这种现象，心中受到了深深的震撼。如果说，在现实生活中，他们根本不可能有机会接触到这些象征符号，那么它们从何而来？他自己的一次经历就提供了有效的例证：他做了一连串的梦，在梦中，他看到了一种共有四层的辐射状图案，随后，就在这些梦境中，他知道这个符号名叫“曼陀罗（mandala）”——在东方文化中，曼陀罗是一个常见的意象。请注意，是在梦中，就知道名称，而不是通过查阅资料等行为。荣格论述道：如果这类概念不是从个人的经历中获取的，那么它们肯定是与生俱来的，反应了人的“灵性”，这灵性深深扎根在人性的基础上，从共同无意识或者集体无意识出发，一路开枝散叶，形成了各种各样的心理。

尽管，荣格赞同“原型总数非常多，可能数不胜数”的说法，但是，他还是给几个主要的原型下了定义，包括“智慧老男人”和他的女性对手“地母之神”，即玛格纳玛特。举一个例子，关于智慧老人，荣格曾写道：“梦中，智慧老人戴着各种面具，可能是魔法师、医生、牧师、教师、教授、祖父，或者任何一个握有权威的人。”另外，还存在着“自我”和“投影”原型，以及“阿尼玛

（男人的女性化一面）”和“阿尼姆斯（女人的男性化一面）”原型，也就是说每个人身上都具备异性特征。从通俗文化（比如，流氓兔是无赖，甘道夫是智慧老人，等等）到秘传文化（除了炼金术和魔法，还有塔罗牌，所有这些文化中的象征符号都对荣格的思想产生了影响），上述原型及其他原型，均随处可见。

艾瑞克森：人格发展八阶段

Erikson and the Eight Ages of Man

从婴儿到老年，人生得成长八次

在“后弗洛伊德时代”的精神分析领域中，艾瑞克·艾瑞克森（1902—1994）是最重要的人物之一。他的“社会心理学理论”，也就是众所周知的“人生八段论”，对心理学和更大范围的通俗文化产生了深远的影响。

艾瑞克森原本是一所文科类院校的老师，后来才投身于弗洛伊德阵营的研究工作，并且加入了“维也纳精神分析研究协会”。他对儿童发育问题特别有兴趣，但在心理学上，他最著名的贡献要数他提出的“社会心理学理论”，该理论的要点是：在整个生命过程存在不同的心理阶段，每个阶段各有特点。

除此之外，艾瑞克森还提出了“自我心理学”，这是关于心理结构和心理功能的学说。比起弗洛伊德关于“自我”的理论，他提出的“自我心理学”要乐观多了。

“自我心理学”既强调人的主观能动性，也强调在心理的形成过程中，个人和环境（社会）的相互影响同样重要。他的“社会心理学理论”更具人文主义色彩，他认为面对冲突时，人的“自我”就处于改变和成长的关键点；同时，他也认为：当人们面对这些关键点的时候，可能会引发心理危机。

人生八段论

艾瑞克森提出的这个理论，阐述了一个人在成长历程中，从幼年到老年的各个阶段会遇到的各种关隘。在每个阶段，每个人都得解决好一对矛盾。每对矛盾都处在两种相反力量的夹击中，或者是两种不同的动机产生的矛盾。而且，每个阶段的最后，人们都会得到一个结果，要么是获得了特定的“自我美德”，要么就是心灵受到了创伤，各个阶段如下。

- 幼儿早期，“基本信任”对“基本不信任”，如果前者胜出，幼儿就会产生希望。

- 幼儿后期，“自主”对“羞耻”、“怀疑”，如果前者胜出，儿童就会产生意志。

- 儿童早期（学前阶段），“主动”对“内疚”，如果前者胜出，儿童就会产生决心。

- 儿童中期，“勤奋”对“自卑”，如果前者胜出，儿童就会培养能力。

- 青少年期，“自我认同”对“角色混乱”，如果前者胜出，青少年就会产生责任感。

- 青年时代，“亲密”对“孤立”，如果前者胜出，人就学会了爱。

- 中年时期，“推陈出新”对“故步自封”，如果前者胜出，人就学会了关怀。

- 晚年时期，“自我完善”对“内心绝望”，如果前者胜出，人就拥有了智慧。

艾瑞克森围绕着自己的整个学说体系，提出了各种观点，其中有些观点逐渐在通俗文化中流行开了。特别是其中一个观点，就是青少年要经历的“青春期身份认同危机”，其具体的含义就是在这个阶段，青少年想要弄清楚自己在生活中的角色。另外还有一些值得了解的观点，比如，他提出的“社会心理延缓期”，就是在不同生活阶段的转换过程中，人需要抽身一段时间，暂缓成长的进程。如果有了这段延缓期，那么一个人的“身份认同”就不会出现断层，能保持平稳流畅。比如，现在流行的“间隔年”，即年轻人在大学毕业后，选择先花上一年的时间到处旅行，随后再投入相对刻板的职场和家庭生活，找到属于他们自己的位置，做一颗循规蹈矩的螺丝钉。

艾瑞克森很早就预测到了现代出现的很多问题，这点是让他的理论一直具有时代新鲜感的重大因素。他形容自己提出的心理发展模型是“渐成式”的，意思是，即使人的发展顺序是由我们的基因事先安排好的，但是每个发展阶段则取决于我们自身和环境之间的相互影响。生命在各个阶段的发展本质上是一个连续不断的过程，他为了强调这一点，提出了一种更加具有前瞻性的人类心理模式。比起弗洛伊德的说法，艾瑞克森的论述更加充满希望。在弗洛伊德的理论中，人们深陷潜意识各种情结的阴暗泥潭中，既无法触摸过往的经历，也无法改变过去的烙印，只能让这些心结牢牢地盘踞在潜意识中。但是显而易见，事实上，艾瑞克森的乐观实在有些过头了，一直以来，这也是他饱受诟病的地方；除此之外，他用作理论依据的那些研究病例，也着实都带有逸闻色彩。

心智理论

Theory of Mind

多问“为什么”，表示你有心智能力

心智理论（theory of mind，即ToM）也被称为“读心术”和“大众心理学”，该理论指的是人们通过理解自己的想法，然后设身处地地揣摩出他人思想状况的方式，其内容涵盖想法、信仰、欲望和感情等。

每当你思考自己或者他人做某件事的理由时，你就是应用了ToM，也就是一套思想工具。这套工具里面可能有一些规则，能让你想象他人脑子里转着什么念头。对于大脑思维的诸多功能，人们存在认为理所当然的地方，ToM就是其中一个方面，可能是因为几乎每个人一直以来都是这么做的（由此可以将其描述成“大众心理学”），所以人们差不多没有意识到它的存在了。不过，ToM

引出了一些关于意识的有趣问题，比如意识的本质是什么？意识是如何演变来的？还有谁应用ToM，谁又不会去用？

第一个讨论ToM话题的是大卫·普瑞玛克和盖·伍德拉夫，他们都是灵长类动物学家。1978年，他们一起发表了论文《黑猩猩有心智理论吗？》。他们想知道黑猩猩是不是像我们人类一样思考——它们似乎特别擅长理解其他黑猩猩的行为，但是能否将这种情况归结为黑猩猩的思想状态呢？从实验证据上看，它们似乎并没有这个能力。比如在实验中，当它们向周围的人讨要食物的时候，就必须进行选择，决定自己向哪些人索取；而这个时候，在周围的人当中，有些人可以看到放食物的地方，有些人的眼睛则被蒙上了；黑猩猩似乎只是随机乱蒙，也不管对方看不看得见，就胡乱决定了索取的对象。

通过这个实验，就此可以看出黑猩猩没有ToM，但人类是在哪个发育阶段形成了这个能力呢？普瑞玛克和伍德拉夫的论文引起了大家浓厚的研究兴趣，特别是人们有一样本事，能辨别出一些邪门歪道的事情。通过这个本事，你能够理解他人，知道他可能信错了东西，换而言之，他们误入了信仰的歧途。

有一个经典的“萨莉—安妮”实验。在该实验中，实验人员给孩子们看两个洋娃娃。萨莉把球放在篮子里，然后用东西盖住；她做这一切的时候，安妮在旁边都看到了。然后，等萨莉出去散步的时候，安妮把球拿出来放到一个盒子里。于是，等萨莉回来的时候，实验人员就问别的孩子们："萨莉会到哪里找那个球呢？"三岁以下的孩子认为她会去盒子里找，然而，四岁及以上的孩子们能够明白萨莉会犯错，还知道她会找错地方——去原来那个篮子里找球。还有一个重要的发现就是：自闭症儿童，包括年纪较大的患儿，在这个测试中，通常都会犯错。这说明，自闭症儿童的病情涉及到"思维盲区"或者就是ToM无法发育，这两点甚至可以说病因。

关于ToM的工作方式，主要有两派解释。一派是思考，此说法多少有些令人困惑，被称为"心智理论"，指的是，孩子们就像小小科学家，关于其他人的思考方式，他们逐步形成了自己的各种看法。他们对世界认识得越多，对情感了解得越多，他们的看法就会变得越复杂。另一派的解释是，ToM是通过模拟或模仿发生作用的——我们都是根据自己的想法，模拟对方可能的思考内容，即将心比心。

从智力和意识的进化角度来说，ToM显示的作用很明显，那些能够预测和摆弄他人思维的人，占据了非常大的优势。一方面，他们可以撒谎，同时，另一方面，他们能够顺利地影响他人的情绪，并且感受到他人的情绪（这种情绪传染，就是人们所说的"移情作用"），这种能力反过来激发了积极的行动，换句话说，这样的人为人处世"世情练达"。

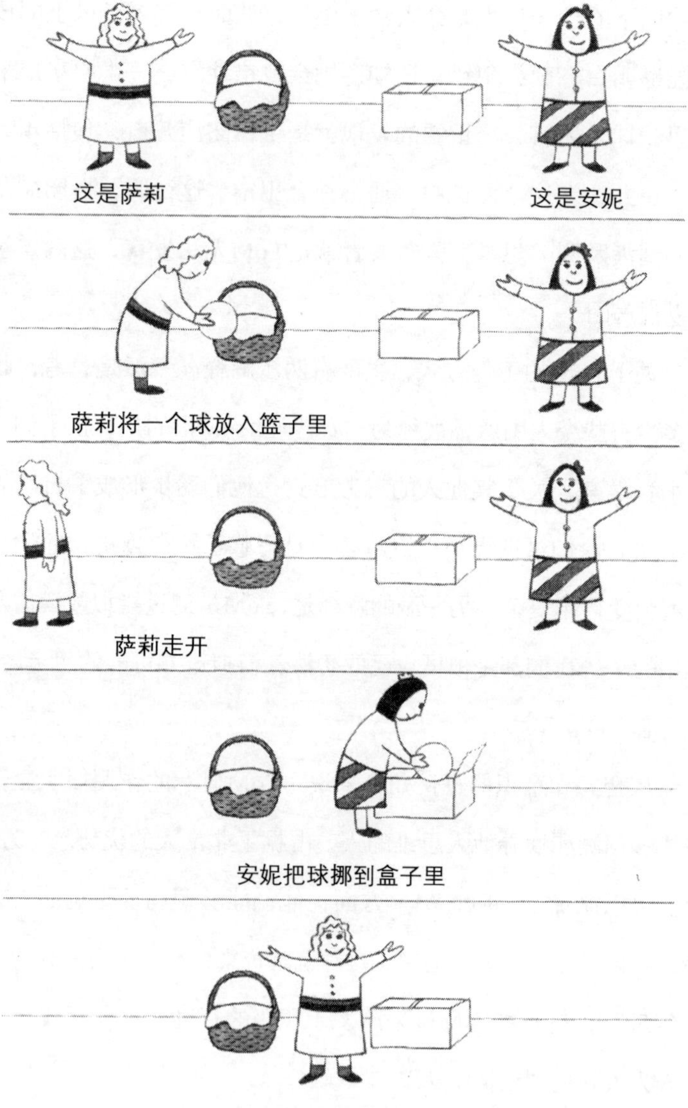

萨莉会去哪里找球呢?

马基雅弗利的智力假说指的是以下两种情况：一是随着社交网络变得日益复杂，社交智能就越来越具有进化上的优势了；二是人们如果掌握了人际交往的合作原则，那么他们也更具有生存优势。根据前面的分析来看，ToM有可能是这两种情况的根基。

在神经方面，科学家们探寻了产生ToM的基础。到目前为止，他们已经发现，大脑在执行某些任务的时候，比如理解错误的想法时，有些特定部位会变得活跃起来，特别是颞顶交界区和内侧顶叶皮层前额皮质。另外，类似的活动还可能涉及到镜像神经元：当你采取某一行动时，或者感受到某一认知的时候，以及当你观察到别人也行动或者感受时，这些神经细胞都会变得活跃。镜像神经元功能紊乱就会引发自闭症，而且，当大脑启动ToM功能的时候，可能镜像神经元发挥了至关重要的作用。

情智与情商

Emotional Intelligence and EQ

EQ和智商一样重要，但你测不出分数

通常来说，情智即情感智能Emotional intelligence，即EI。情智不仅被视作是智能家族中的一员，也被看作是一个与思维能力——包括理性智能（又被称为“念书的本事”）——平行的系统。

1995年，丹尼尔·戈尔曼的《情感智能》（*Emotional intelligence*）一书大获成功，接着，在心理学和更大的范围里，EI成了一个热门话题，特别是因为EI在现实生活中的作用，这个话题更是炙手可热。一个人要想掌控好生活的方方面面，比如职场、恋爱和日常生活，并且取得一定的成功，那么他的EI水平就非常重要。虽然人要成功，就需要在各方面都具备良好的智能水平，并非完全由EI决定，但是，

EI至少占据了相当大的份额。

在戈尔曼之前，就已经存在EI的概念了。我们可以追溯到达尔文的说法，他认为“理解感情”是一种核心的认知能力，也就是说这种思维技能/能力会帮助我们更好地发挥自己的能力，或者从人的动物性角度来说，帮助人类更好地生存。

1920年，美国心理学家E.L.桑迪克在有篇文章中写到“社交智能”的话题，而后，到了20世纪70年代，霍华德·加德纳提出了多元智能理论，内容包括了“人际交往智能”和“自我内省智能”。在1990年，在当代的语义层面，彼得·萨洛维和约翰·D.麦尔正式使用了EI一词。

关于EI的理论，虽然存在不同的流派，但都强调一种等级架构，都将以下基本技能或者“能力”划分出高低等级：比如，人们能够理解自己和他人的感受，能够调节和处理自己的情绪和人际关系；在现实生活中，人们在解决问题或者适应变化的过程中，能够灵活运用自己的情感技能。现在，EI的定义已经有了极大的延伸，包括了很多方面，比如品行、毅力和热情等。

但是，这些根据能力和属性划分出来的模型互相龃龉，存在很多疑点，其中部分原因在于EI有两种类型，也就是说有两种测评的方式，容易引起混淆。有时候，EI的测评被称作“情商（Emotional Quotient，即EQ），这是一个和“智商（IQ）”同类的指标。由于情感带有极大的主观色彩，但是现在很多EQ测试像IQ测试一样，都采用了问卷调查的方式。在IQ测试中，所有问题的答案非对即错，泾渭分明，但是情感测试做不到这一点，有鉴于此，EQ测试无法像IQ测试一样客观。

相应地，EI的研究人员在EI的研究领域中，还会碰到一个关键问题，即：人能在多大程度上提高自己的EQ？现在有很多花样繁多的课程，特别是在商业领域中，这些课程都声称能传授EI技能和提升EI水平。至于这些宣传是否真实，大家可以公开讨论，在此不做评判。这里要强调的一点是：人们应该在孩子还小的时候，就开始更多地关注他们的“情感教育”问题，增加他们的“情感知识”，以此补充传统教育的不足之处，或许“从娃娃抓起，进行情感教育”才是一项必不可少的工作。

弗洛伊德

Freud

看过他的书，你才知道什么是“分析”

在心理学领域，很多人认为西格蒙德·弗洛伊德（1856—1939）是20世纪最伟大的思想家，也可能是这个世纪最杰出的天才。但与此同时，也有很多人骂他是伪科学家，还说他是谬误连连的先知。不过，有一点比较反常，在心理学领域之外，他的形象则更为高大，他的各种理论的地位也更崇高。

弗洛伊德是出生在奥地利的犹太人。年轻的时候，他接受了从医的专业培训，专攻神经学，并且出版了神经生物学方面的研究文章。可惜缘悭一线，他错过了发现“可卡因具有麻醉作用”的机会，但是他成功地发现了“使用可卡因一段时间后会上瘾”

的现象。当时，奥地利反犹太主义的社会环境限制了他的工作机会，并且将他引向了精神病学领域，随后，他师从该领域的一些泰斗级人物，比如巴黎的让-马丁·夏尔克和维也纳的约瑟夫·布洛伊尔。他们都依赖催眠术，而且布洛伊尔强调催眠术能揭示那些被压制的想法和情感，这些都有助于弗洛伊德创立一种关于人格障碍的心理学理论；并且，这段经历也有助于弗洛伊德后来创立了一整套关于人格的理论。

后来，弗洛伊德放弃了催眠术，将注意力转向“自由联想”和“梦的解析”，以这两者作为打开潜意识大门的工具。他针对各种心理问题，首创了具有完全自主意识的“谈话疗法”。他还利用这些工具收集了资料，并在此基础上，对人格和心理活动功能这两方面形成了一套具有颠覆性的理论。该理论认为，所有的神经症和精神病的根源都是被压抑的性欲，更让世人目瞪口呆的是，他还得出这样一个结论：形成性压抑的时间段是在童年时期。弗洛伊德还特别指出，“俄狄浦斯情结”及由此推导出的“阉割焦虑”和“阳具妒羡”（见下文）等心理，都是人格形成（包括自我、超我和本我——见下文）和人格发育的基础。

在一系列影响深远和备受争议的书籍中，包括1900年出版的《梦的解析》（*The Interpretation of Dreams*）和1906年出版的《关于性理论的三大贡献》（*Three Contributions to the Theory of Sex*），弗洛伊德创立了精神分析学，这既是一种心理学上的新哲学思想，也是一种治疗方法，这个世界的各个方面都能够用精神分析的方法进行解读。弗洛伊德本人就用该学说去解释所有的事情，从神经症的病因到笑话的本质，一直到宗教、文化和人类学。在精神分析的世界中，每件事都是有意义的，不存在什么意外或者偶然性（见上文关于“失言”的论述）。

尽管弗洛伊德理论起初一直饱受诟病，但事实证明，该理论的力量势不可当。二战后，在欧洲，精神分析理论呈现燎原之势，所向披靡；在美国，该理论也占据了精神治疗领域的中心地位。随后，精神分析成了精神疗法的同义词，而且在艺术、人类学、各个社会学科、历史、文学理论等方面，该理论也产生了很大的影响。

但是从20世纪60年代开始，弗洛伊德一直被斥责为一个伪科学家，而且他的理论被骂成狗屁不通，因为科学有一项根本属性，就是可证伪性[①]，但他的理论无法做到这一点；另外人们还指责他的理论毫无事实根据。弗洛伊德的学术背景是科学，而且他也渴望让精神分析在科学领域能扎下根基，取得应有的科学地位，但在实践过程中，在收集证据的过程中，他完全依赖主观武断和道听途说。他声称幼儿在早期记忆中的各种情结，决定了这个人日后的整体心理机制，但事实上，人在婴儿时期大脑尚未发育完全，

① 可证伪性（Falsifiability），是著名科学哲学家卡尔·波普尔的著作《猜想与反驳》中提出的概念。波普尔认为判断理论（命题）是否科学的标准是：可证伪性，指的是从一个理论推导出来的结论（解释、预见）在逻辑上或原则上要有与一个或一组观察陈述发生冲突或抵触的可能。

还缺少形成这些记忆的生理结构。

真正的科学需要具备两个必要特征，一是可验证性，就是事先能够做出可以经受事实检验的预测，二是可证伪性，就是通过证据或实验，该理论仍无法被推翻。上述两点，精神分析理论都无法做到。事实上，弗洛伊德对别人的反驳或者批评，采取了视而不见、听而不闻的抵制方式，这也属于防御机制的一个例证了。他的这种做法，到了后来，形成了一个令人啼笑皆非的场景，就是别人采取各种方式，试图证明他的理论是错谬的，但是到最后，这些方式都成了证明他理论正确的注脚了。

说得更具体一些，现在有人认为精神分析理论的某些关键内容既令人生厌，又是一种倒退的学说。比如，弗洛伊德认为，女性心理是由"阳具妒羡"这个因素决定的，换句话说就是，由于女性缺少男性的阴茎，所以女性存在缺陷，而这种缺陷决定了女性所有的一切。他认为，在女性的道德形成阶段，由于缺少必要的俄狄浦斯情结的冲击，女性的心理发育必定要比男性矮一头。但是，在实践中，无论弗洛伊德的精神分析理论是否属于伪科学，还是有证据表明精神分析的治疗效果真的是漏洞百出，但在很多地方，人们现在依然采用精神分析方法，该理论继续广泛传播，影响深厚。更有甚者，尤其是弗洛伊德的潜意识理论，已经深深地嵌入了当代思维和流行文化中了。从另外的角度，甚至可以说精神分析既是一门学科，也是我们科学世界观中不可或缺的一部分。

自我、超我、本我

Ego, Superego and Id

人有三个我，难怪常左右为难

自我、超我和本我的原词来自拉丁语，弗洛伊德的“人格三重结构学说”就是由这三个概念组成的，该学说也被称之为“人格结构假说”、“人格结构模式”、“人格结构理论”。

起先，弗洛伊德根据思维的高低形态（指的是思维的空间布局），将精神解析成三部分：潜意识、前意识[①]和意识。但是到了1920年，随着人格结构学说的提出，弗洛伊德不仅清晰地阐述了人格模型的构成，而且对人格的发育发展也提出了明确的见解。

① 前意识，指潜意识中可召回的部分，人们能够回忆起来的经验，它是潜意识和意识之间的中介环节。潜意识很难或根本不能进入意识，前意识则可能进入意识，所以从前意识到意识尽管有界限，但没有不可逾越的鸿沟。

他认为，在人的意识中，“本我”部分涵盖了那些与生俱来的本能，这些本能都具有生物性和“动物”性，弗洛伊德认为这类本能包括爱欲和性冲动（生命冲动）；在性冲动中，又包括性欲和桑纳托斯本能，后者即死亡本能。因为桑纳托斯本能的存在，人才会产生攻击性的行为。

“本我”受制于“快乐原则”，也就是要求“即时的满足”；换而言之，就是如果欲望得到满足，那么“本我”就开心，如果欲求没有得到满足，“本我”就不开心，或者会感到痛苦。逻辑或现实对“本我”毫无影响，“本我”也不在意外部的世界，一个刚出生的宝宝就属于完全“本我”的生命体。

随着孩子日益长大，“本我”的欲求和外部世界的现实状况展开了旷日持久的冲突，于是应对现实的那部分心智变成了“自我”。“自我”的运行原则是“现实主义”，牵涉到如何从实际出发，来满足“本我”的欲求。“自我”会进行以下选择：选择推迟时间，以后再满足自己的欲望？还是选择妥协，现在就能折衷地满足自己的欲望？不过，“自我”的所有目的都是为了获取快乐，避免痛苦。“自我”是理性的，而且，“自我”不会考虑道德或者伦理等问题，“自我”采用纯粹的实用主义。

通过“超我”，道德开始登场了。来自家庭和社会的各种价值观和道德准则，都被“超我”吸收了。然后，“超我”努力控制着“本我”的各种冲动，特别是那些被列为禁忌的冲动，诸如淫欲和暴虐。

由于“超我”包含了良心，所以，如果“自我”违背了道德准则，或者“自我”屈从于“本我”冲动，或者“自我”的行为违背了“理想中的自我”，那么“超我”就会惩罚“自我”。补充一点，“理想中的自我”还包含着家庭和社会对个人的期望和期许。如果“自我”无法符合“理想中的自我”，那么人就会产生罪恶感；反之，如果人选择了“正确”的行为，就会产生自豪感。如果人负担着过重的“超我”，尤其是在“理想的自我”脱离现实的的时候，就会引发神经官能症，或者出现焦虑和抑郁等情绪问题。对一个成年人来说，“本我”完全处于潜意识状态；与此同时，“超我”和“自我”则从意识层面一直延伸到了潜意识层面。

有这样一种说法，根据“缓解紧张”原则，人的整个精神体系通过“反馈回路”，随时进行自我修正。所谓“缓解紧张”原则，就是说，人在追寻某种想法或者行为的过程中，在精神层面，要将该过程可能引起的紧张程度降到最低，这样才符合进化的原理。弗洛伊德

本人将“本我”和“自我”类比成一匹马和一名骑手，另外，关于紧张感、动力和动机，弗洛伊德的描述相当晦涩。如果想用简单明了的办法理解弗洛伊德的描述，那么就想象一个画面，这样就容易多了：一个倒霉的骑手死命地黏在一匹横冲直撞的马儿的背上。这个画面的象征含义就是：淫欲和贪婪让这匹马狂性大发，只有马刺和鞭子的笞挞能让它守规矩。

“可怜的‘自我’，”弗洛伊德在1932年写道，“必须服侍三个严厉的主人，而且它还得竭尽全力地调和三者的要求……这三个暴君分别是：外部世界、超我和本我。”

这种关于人性的观点实在让人感到垂头丧气，后来，弗洛伊德的女儿和其他后辈们可能是为了对此进行修正，于是根据他提出的自我模型，使用“自我心理学”的形式给这种模型添加了更多的人道主义色彩。自我心理学认为，“本我”和“超我”之间存在着旷日持久的天人交战，这并非是“自我”形成过程中的唯一决定因素，同时，“自我”也并非只受“缓解紧张”这一原则的支配；另外，比如人还有追求新鲜事物和掌握新技能等愿望，此类愿望属于正面反馈循环，都是能够从正面激励“自我”的。

迷失在翻译中

在将弗洛伊德的作品翻译成英语的过程中，对于两个来自拉丁语词汇，即“ego”和“id”(“自我”和“本我”)，普遍的做法就是直接采用原词，也是用“ego”和“id”进行表述“自我”和“本我”，这是一个再三被提及的问题。弗洛伊德本人，他最在意的就是精神分析能被当作一门科学，受到认真的对待，所以为了让大家能明白自己的理论，他的大部分作品都避免采用专业术语，也不会写得玄乎其玄、云山雾罩的。但是，他的英语翻译詹姆斯·斯特拉齐(James Strachey)经常选一些听上去更具专业色彩的术语，部分原因可能是为了提升作品的“科学”权威感。“ego”和“id”就是典型的例子：在原先的德语作品中，弗洛伊德将它们简单地命名为“das Ich ”和“das Es”，意思就是“我”和“它”。

阳具妒羡

Penis Envy

为什么人类这么在意男性的性器

“阳具妒羡”一个是源自弗洛伊德精神分析学的概念，指的是三至六岁的小女孩发现男孩有阴茎，但是她们没有这东西，由此产生的情绪体验。

关于性心理发展的各个阶段，弗洛伊德提出了自己的理论，阳具妒羡是其理论的一部分，也是他创造出来的概念。他所谓的“俄狄浦斯情结”和“阉割焦虑”会产生各种心理危机，阳具妒羡就涉及到了这些心理危机。根据弗洛伊德的说法，儿童的“性器阶段”或“俄狄浦斯阶段”，大概是在三至六岁，其特点是儿童发现了生殖器的存在。在弗洛伊德的说法中，生殖器就是阴茎，因为在他的理论体系中，阴茎具有优越地位，而且实际上，也是唯一的器官。

他观察到，当一个孩子看到另一个赤身裸体的孩子时，要么看到一个可见的性器官，比如阴茎，或者对方是女孩的话，那么她的性器官就不可见了，于是他以此为基础，提出了自己的见解。弗洛伊德解释道：当一个小男孩第一次看到一个脱光光的小女孩时，他会意识到有些人没有阴茎，而且会由此得出“自己的阴茎可能会失去”的结论，这个结论引发了“阉割焦虑”汹涌而至。男孩如此强烈地感受到了这种焦虑以及相关的“俄狄浦斯焦虑”，以至于把各种性冲动驱赶到了潜意识中（也就是进入了潜伏期）；与此同时，他的心理形成了“超我”层面的道德控制能力。

现在说女性，弗洛伊德的解释是当小女孩发现小男孩有阴茎时，她的反应是：她已经被阉割了；然后，她会将其归罪到母亲的头上，而且，母亲也遭受了“阉割”这可怕的命运。阴茎被视作具有优越性的东西，于是女孩感到了天生低人一等。她逐渐变得非常渴望有自己的阴茎，于是产生了“阳具妒羡”，这种渴望如此强烈，使得她与母亲疏远，变得与父亲更加亲近，然后延伸到了其他男性的身上，因为这些男性可以给她一个阴茎替代品，也就是孩子。至于男孩们，因为“阉割焦虑”，他们怕被阉割成了女性，所以形成了性的潜伏期和超我意识。

根据弗洛伊德的模型，女性的“阳具妒羡”和男性“阉割焦虑”，这两者是相互对应的心理，也都是心理发展的动力，也是人格基础。他认为自己发现了这个心灵活动，具有史诗般的意义，是他最伟大的成就。他曾说过，男人女人，各有天命，“解剖学上的不同就是一切的宿命”。

毫无悬念的，弗洛伊德的整套说辞遭到了猛烈的抨击，被认为是无可救药的“厌女症”理论。他通过接触到的寥寥可数的几个病症，就得出了这样的结论：“阳具妒羡”使得“超我”的发育较软弱，所以女性的道德感较差，从本质上讲，女性是不完整的男性，所以女性就比男性卑下。几位女性精神分析学家拒绝接受“阳具妒羡”概念，比如，卡伦·霍尼就提出了一个观点，她认为：实际上，男性深受“子宫妒羡（womb envy）”的折磨。她可能只是反唇相讥，至少部分如此，但是弗洛伊德没明白这是一个戏谑的说法，而且他的反应有些离谱，简直就是从根基上动摇了精神分析理论。因为他的反应清晰地表明了这是一个“无法证伪”的例子，也就表明了精神分析理论的伪科学性。他的回答如下：“如果一个女精神分析师无法充分确信自己对阴茎的强烈渴望，那么她也无法正确衡量这个因素对于她的病人具有的重大意义。”换句话说，霍尼提出“子宫妒羡”的概念，肯定是她的“阴茎妒羡”心理在作祟，她提出的批评就成了证据。但是，到了最后，弗洛伊德自己也承认在他眼里，女人依然是一本紧闭的书。“关于女性特征，接下来的话就是我想说的一切，”他在1933年写道，“当然了，这些话可能不完整，或是根本就是支离破碎的，而且并非都是好话……”

阳具象征

Phallic Symbol

棍子、雨伞、水龙头，让人家好害羞

所谓“阳具象征”就是指那些阳具的象征物。实际上，单单用“阳物（phallus）”这个词，就能充分说明它在精神分析语境中的含义，因为它更多是指阴茎的象征物，而不是一个真家伙。

弗洛伊德的精神分析理论一直以“阳物中心论”为特色。据说在性心理发展的过程中，有一个“阳物”阶段，在该阶段，人们会出现“俄狄浦斯情结”和“阉割情结”；这样一来，让阴茎扮演该阶段的核心角色，似乎是正确的。从某种意义上来讲，在弗洛伊德关于人格和心理的整个理论中，对阴茎的关注和痴迷是其核心内容：他认为，男性的心理形成的基础是因为内心害怕失去阴茎，而女性的心理形成的基础是渴望“得到”阴茎。

在弗洛伊德时代，阴茎是禁忌之词。在精神学领域出现这个“阴茎”概念，已经够危险，够颠覆的了，更别说公开讨论这个问题。于是，这个器官的概念，在精神领域处于如此中心的地位，虽然受到了压制，但是时不时地会从精神分析的潜意识中挣扎出来。另外，弗洛伊德认为这就是“象征符号”一展身手的舞台。在潜意识中，那些被压制的内容蠢蠢欲动；意识层面收到了潜意识给出的信号，为了对付这些冒出头来的念头，意识层面采用的方式就是用具有象征意义的符号对其进行包装，其中最普遍，或者说是最重要的象征符号就是“阳物”。对女人来说，这点同样适用。弗洛伊德的理由是，“（阴茎的）样子越嚣张，对男女来说，这些生殖器零部件就越有意思。”

在讲述梦境象征的时候，弗洛伊德开列了阳物象征物的一长串清单，让这个具有喜剧色彩的理论彻底撒腿狂奔到底了。首先，清单的开头都是一些最基本和最明显的象征物，就是那些样子和阳物很像的东西，比如棍子、雨伞、柱子、树木；然后是那些具有穿刺功能的东西，比如刀子、匕首和长矛。枪炮是样子像，功能也像，可以同时归属这两类。名单还包括那些能流出液体的东西，比如水龙头、喷泉和喷壶；还有，弗洛伊德说“可以变长的一些东西”，也包括在内，比如吊灯和可伸缩的铅笔。名单的范围甚至还延伸到了“气球、飞行器，以及最近出现的齐柏林飞船”①，因为这些东西都有一个共同点，就是“和男人的那器官惊人得相似……都要反抗地心引力，然后高高地飞上天空”。在梦中，人们梦到自己飞上了天，那个会飞的自己也象征着阳物：在飞行的途中，阳物就成了“做梦者的整个精髓所在了”，做梦者自身就成了一个巨大的、正在飞行的、勃起的阴茎。弗洛伊德认为，这样的解读对女人来说也是对的，因为他认为女性的阴蒂就是迷你版的阴茎，或者至少是阴茎的替代品。他这样写道：

齐柏林飞船

> 要记住一点，我们做梦的目的是为了实现愿望，而且，在女人的心目中，无论是有意识的，还是无意识的，经常能发现她们想成为男人。女人可以通过体验到与男人一样的感觉，触摸到这种愿望，这种情况

---

① 齐柏林飞船（Zeppelin airship），是一种或一系列硬式飞船的总称，是著名的德国飞船设计家斐迪南·冯·齐柏林伯爵在20世纪初期以大卫·舒瓦兹所设计的飞船为蓝本，进一步发展而来。由于这系列飞船的成功，“齐柏林飞船”甚至成为当代称呼此类飞船时所用的代名词。

是有可能存在的。任何具备解剖学知识的人，面对以上事实，肯定不会觉得迷惑不解。女人拥有的生殖器中的一部分，样子类似男人的那话儿，只是该器官要小一些；这个小器官，就是阴蒂。在童年时期，以及在有性生活之前，实际上，这个器官（阴蒂）与男人的大家伙（阴茎）扮演着同样的角色。

在弗洛伊德笔下，阳具象征物的清单还在增加，包括一些服装和服饰，比如大衣、帽子、披风和领带（“这东西垂挂着，而且女人一般不穿戴这些”），还包括一些动物，如各种爬行动物、鱼，“还有名气最大的象征物——蛇”，树林和灌木丛就是阴毛的标志。他甚至还把科技也纳入了自己的地盘：“所有那些难以描述的复杂机械装置，都可以视作是那话儿的象征，因为男性性器官具备威风凛凛的功能，这样一来，一切就都能解释通了，也就变得豁然开朗了。”

他弄出了这样一张清单，真的有些荒唐。如果说，我们可以由该清单推论出，“阳物象征”问题已经成了精神分析学说的阿喀琉斯之踝，也就是成了这门学说的软肋，那是一点都不奇怪了。实在是这张清单太滑稽了，简直动摇了精神分析学说的根基，让人觉得这不是一门可靠的学问。然而，即使人们已经明确指出了这个问题，但精神分析学家们还是不肯消停，依然充满热情地充当“阳物象征主义”的拥趸。匈牙利精神分析学家桑德尔·费伦奇不动声色地说：“曾经有人语带嘲弄地评论精神分析理论，说这个理论中的潜意识就是：看到所有凸出的物体，都认为是阴茎；看到所有的凹进的物体，都认为是阴户或者肛门，我发现这句话非常好地阐述了精神分析学说的实际情况。”

有时候，雪茄就是雪茄

弗洛伊德一天得抽上二十支雪茄，而且他认为，对他的工作和日常生活来说，雪茄具有无尽的价值。因为雪茄给他的健康造成了很大的伤害，医生们劝他戒烟，但是他坚决不同意，最后，他罹患致命的口腔癌。无可避免地，人们认定弗洛伊德的雪茄就是他所谓的阳具象征物，而且人们弄出不少关于烟屁股的笑话；据说，那句名言“有时候，雪茄就是雪茄”应该就是他说的。

事实上，没有证据表明他说过这句话，而且，这句话最早出现在20世纪50年代，这时候，他已经去世多时了。与传言相反，有可能是在当代的精神分析学中，分析学家们似乎才明确地认定雪茄是一种阳具象征。1922年，艾瑞克·希勒在《精神分析国际期刊》上发表了一篇文章，文中审视了吸烟的象征含义：

香烟和雪茄可以象征阴茎，它们都是圆柱形的管状物，有一头又都是又烫又红，还冒出带着香味的烟雾（相当于释放出体内的气息，也就是相当于射精）……我指出人们开始吸烟的原因（当然了，还得加上他们为什么抽个不停的原因），或者至少是理由之一，就是香烟、雪茄以及烟斗具有的阳物象征意义。由此得出的结论是，因为人在成长过程中，认为自己的某些东西都被夺走了（被阉割了），或者人已经断奶了（这也是一种剥夺），所以手中一根烟就像是得到了一种阴茎（母亲的乳房）的替代物。

弗洛伊德试探性地深究了自己沉溺雪茄的心理状态。在给同事们的一些信件中，他认为：童年时，他摆脱手淫后产生了“脱瘾症状”[1]，烟瘾可能就是为了平衡这些症状的一种替代品，他甚至暗示自己吸烟的习惯可能就是缘由于此。

① 脱瘾症状（withdrawal symptoms），是指戒除某习惯时所引起的痛苦和不适。

盖吉受伤事件

Gage

第一次有人开始研究大脑各部位功能

1848年9月13日，佛蒙特州的一个城市的郊区，正在进行铁路建设，当时有一支施工队，该施工队的工头名叫菲尼亚斯·盖奇。

在这个地方，发生了历史上最著名的工伤事件之一，盖奇就是这次事件的主角。施工的时候，工人用到了一种叫作“炮棍”的工具。当时，盖奇正要将炸药紧紧实实地装进炮棍里的时候，不小心弄出了火星，于是炸药被点着，接着发生了爆炸，爆炸的结果就是炮棍横插进了盖奇的头部。炮棍从左眼下面的脸颊插入，然后从头顶捅出来，鲜血和脑浆溅出好几英尺。令人瞠目的是，盖奇居然活下来了，而且恢复了意识，还能说上几分钟的话，同时，当地有一位医生，名叫约翰·哈罗，由于他的精心关照，盖奇慢慢复原了，即使他随后并发了感染症状，也没能要他的命。1860年，在一次严重的癫痫病发作之后，盖奇去世。

盖奇能够在心理学史上留下名字，是因为哈罗在1868年编写的一份报告。写报告的时候，盖奇已经去世了，哈罗将他大脑受伤的具体位置和他的人格和行为的古怪变化联系在一起。哈罗称，在盖奇受伤前，他是一个可靠的、值得信赖的人，脾气平和，而且“思维相当平衡”；但在事故发生后，“他的智能和内心野性之间的平衡看起来像是被摧毁了”。很显然，他后来变得满嘴脏话，而且行为放纵、不负责任，脾气也是好一阵歹一阵，同时，他还变得优柔寡断，无法继续胜任他以前的工作，也无法坚持完成任何计划。

这份报告首次提出了一个观点：复杂的认知功能和人格特质都是由大脑的某些部位决定的。后来，哈罗的报告还被用作一个有效的依据，明确证明大脑额叶掌控着所谓的“执行能力”，这个“执行能力”负责展望未来、制订计划、进行自我控制等功能，并且还要压制人的“动物本能”。在研究这个病例的过程中，心理学专家兼历史学专家马尔科姆·麦克米伦做出了如下评价，这个病例的地位如此重要，因此，“时至今日，在心理学教科书和神经学教科书中，大概有三分之二的书籍都引述到了该病例。而且，还有一个现实情况就是，虽然距离事故发生的时间，大概已经过去了150年，但是人们依然还在研究，目的是想要确定盖奇大脑中到底有哪些部分被损坏了。”

不过，麦克米伦还发现了一点，多年来，随着对盖奇病例的持续报道和采纳引用，出现了很多问题，似乎要动摇这个故事的根基。很多教科书上一再重复的传统说法，主要观点都是在贬低事故后的盖奇。传统说法是，在经理人巴纳姆旗下的一家马戏团，盖奇将自己当作一件稀奇异物进行展览，后来他更是沉溺酒精，有些版本甚至还说他猥亵儿童。事实上，虽然有证据表明，盖奇的确有过短暂的公众演讲经历，还带着那根“炮棍”；说来也有些无厘头，他竟然对这根棍子产生了喜爱之情。但是，现在还另有证据表明，他后来还从事并保持了几份工作，都是一些吃力的工作，包括在智利的公共马车上当车夫，而没有证据表明他成了一个酒鬼或者色鬼；除了哈罗寥寥数笔的描写外，关于他在事件前后的个性说明，也都没有其他依据。根据盖奇的头盖骨，人们现在重建了模型，准确地再现了盖奇大脑的受伤点，但是受伤位置与传统说法并不对榫。

综上所述，关于大脑功能的区域划分，如果要想得出准确的结论，那么再采用盖奇这个病例实在是一无用处了。不过，一直以来，即使事实如此明确清晰，但那些心理学家还是无法停止护短。他们有某种私心，特别偏爱某些理论，无法停止把盖奇当作证据的做法。就像麦克米伦说的那样：“盖奇的故事值得铭记，因为它表明了，一丁点儿的事实要演变成大众传说和科学神话，是一件多么方便的事情啊。”

莱因的反精神医学

Laing and Anti-Psychiatry

精神病不是病，是正常反应——你不爱我，你只是假装你爱我

苏格兰人罗纳德·大卫·莱因（1927—1989）是一位精神病专家，同时也是社会批评家、作家和哲学家，曾一度成为世界上拥有读者最多的精神病专家。

他是“反精神病学运动之父”，这场运动挑战了关于精神疾患及其治疗方式的传统观念，而且在更大的社会范围内激起了共鸣，特别是在20世纪60年代后期到70年代早期。

伦敦的塔维斯托克诊所是一家在精神分析领域非常有名的中心机构，莱因曾在这里做培训工作，之后，他和其他一些同事共同提出了一些反精神病学的观点。他们都认为，疯狂是一种社会构造物——是社会压力下的产物。比如，他们对精神分裂症的解

释就是，一种针对荒谬环境的理性反应，特别是在家庭中，反抗那些拧巴的交流模式——举一个经典例子，有这样一句话："你不爱我，你只是假装你爱我。"这句话同时表明的两点：对爱的要求和对爱的排斥；对某些深受精神疾患折磨的人来说，这种说法似乎能够解释其病因。根据反精神病学的理论，患者经历精神分裂的过程有其自身的价值：这是一种发泄，也是一种精神层面的转型。

在反精神病学运动的观点里，精神病被视为一场类似萨满教狂热发作的过程——人为了适应社会生活，累积了重重压力，于是通过这种方式表达出来自己内心的压抑感受。与此同时，他们认为精神病治疗方式是泯灭人性和压制人性，带来了相生相克的一对灾难性的后果，即精神病学压迫和精神病学依赖——这两个结果使得人们无法面对生活中的问题，也无法解决这些问题。令人啼笑皆非的是，反精神病运动属于标准的反文化运动，但是那些抨击弗洛伊德精神疗法的保守论调与该运动的某些方面非常相似。当时，从源头上攻击精神病学，并非仅仅就反精神病学运动这一家。匈牙利裔的美国精神分析学家托马斯·萨斯（1920—2012），也是一位道德哲学家，尽管对于反精神病学运动来说，萨斯是一个凌厉的对手，但是他也抨击精神病学在道德、法律和哲学上的正当性。他认为，各种生物模式都存在不合理延伸，扩张到了心理学领域，精神疾患就是心理模式的不合理延伸。

在精神病医生大卫·库珀的手里，这场"反精神病学运动"

最终尘埃落定，也就是说库珀是这场运动的殿军人物。库珀和莱因合作，共同致力于伦敦东区的金斯利社区计划。这项计划野心勃勃，也充满了理想主义色彩，目的是为了打造一个没有等级的社区。在这里，治疗师们可以和精神疾病患者毗邻而居。从1965年开始运作，一直到1970年，金斯利社区就一直饱受争议，并且，后来在1971年，有杂志刊登出了一篇文章《玛丽·巴尔内斯：关于经历疯狂过程的两种说法》，该文的作者有两位，一位就是玛丽·巴尔内斯，她是住在该社区的一个病人，另一位是她的精神病医生约瑟夫·波克，随着此文的发布，很多人更加认为该社区疑窦丛生。

就是在这期间，莱因写出了可能是他最具影响力的一本书了，即《经验的政治和天堂里的鸟儿》（*The Politics of Experience and the Bird of Paradise*），该书批评西方社会，认为各种压抑人心的价值观导致了大范围的不幸福感。1968年5月，各地都发生了学生抗议活动，该书出版在前，也就是作者提前预见到了这种情况，同时书中弥漫的情绪也非常契合当时的时代氛围。书中的第一部分是《经验的政治》，从事文化研究的演说家马克·帕特森说这部分的特点就是“貌似格言的说话方式”（举一个例子，“我们想要历史的全貌，而不是仅仅想知道更多的历史现象”）。与此同时，书的另一部分就是《天堂里的鸟儿》，这是一首散文诗，帕特森形容这部分“既吓人，又好玩，还经常装腔作势，外加宽容纵溺的观点”。

人们通常认为，反精神病学运动是在从事精神健康的专业人士手里终结的，因为采用该运动的治疗技术，人们无法减缓精神分裂症的各种痛苦。然而，在“费城协会”这样一家莱因式庞大机构的主持下，几十年来，类似金斯利社区的组织逐渐蓬勃发展。尽管，用现在的眼光来看，反精神病学运动是一个时代的产物，但是它的影响深远，而且彻底扭转了人们看待精神疾病及其治疗方式的态度。

小阿尔伯特——心理学界最出名婴儿

Little Albert

从此大家这样教养孩子

约翰·B.沃森（1878—1958）是行为主义运动的先驱，他做过一项实验，实验对象就是“小阿尔伯特”。在心理学上，这是最著名也是最具争议性的实验之一。

在1920年的一篇论文里，沃森和他的研究生罗萨丽·雷诺阐述了他们对一个婴儿进行的一项实验，该实验是在传统的条件下进行的。虽然从一开始，这个婴儿就被称作“小阿尔伯特”，随后人们发现他的真名叫道格拉斯·梅瑞特，但他们还是一直管这个婴儿叫“阿尔伯特小宝宝”。沃森认为所有的婴儿都是纯净的赤子，都是“白纸一张”，所以他们所有的个性和行为的形成都是受环境影响的。在职业生涯进行的最后一项实验中，他开始通过实验结果来证明自己的一些基本结论，这是一种真人版的巴甫洛夫条件反射实验，而不是那种在狗狗身上进行的实验。

在约翰斯·霍普斯金儿童医院开始这些实验的时候，小阿尔伯特才九个月大。根据沃森的撰文，当时挑选这个婴儿，是因为他健康，而且看上去气质也是挺强悍的。起先，沃森给这个宝宝看一组外界刺激物，用行为学理论的说法，就是“非条件刺激物”，包括一只小白鼠、一只兔子，甚至还有一张正在燃烧的报纸。小阿尔伯特对这些东西中的任何一样，都毫无惧怕的表现。但是，当大人在他的身后，用木工锤击打钢条的时候，他听到了响动，就被吓得号啕大哭了。

两个月后，沃森再给小阿尔伯特看白老鼠，但这次的情况有所不同，就是无论什么时候，只要他去碰这只老鼠，旁边都会有人用锤子猛敲钢条，发出吓人的声音。做完七组“老鼠和声音”的实验后（每隔一星期进行两次），于是，即使没有发出大的响声，阿尔伯特一看到老鼠也会号啕大哭，而且还试着逃走（在他滚下桌子前，必须抓住他）。经过对有关条件的设定，阿尔伯特变得怕老鼠了。更有甚者，沃森还用了很多其他不少白色的、毛茸茸的东西做实验，包括一只兔子、一个白胡子圣诞老人的面具和沃森自己的白头发，通过这种方式表明该条件反射对小阿尔伯特具有普遍意义，因为其他刺激也能产生类似的作用，他都会害怕。一个月后，小阿尔伯特的母亲带着孩子走了，据沃森称，继续让这个婴儿作为实验对象是不太可能了。

不过，就在当时，周遭已经出现了对“小阿尔伯特实验”是否符合伦理要求的质疑声。沃森认为“为了结果可以不择手段”，并且以此作为自己的托词，“假如通过这些实验，能够帮助我们找到消除恐惧的方法，那么无论付出怎样的代价都是值得的”。小阿尔伯特是成了心理学教科书的必备内容，而且也进入了心理学的逸闻行列，有人用恶搞的方式展望他的未来：他长大后，会不会患有一种荒谬的白色羽毛恐惧症呢？

然而，在2009年，心理学家霍尔·P.贝克花了七年的时间进行研究，终于发现了小阿尔伯特真实、忧伤的故事：他的真名叫道格拉斯·梅瑞特，他的母亲是进行该项实验的这家医院里的一个奶妈。小阿尔伯特六岁的时候因为脑水肿就夭折了，而且亚伦·J.福瑞德兰德和其他研究者进一步调查，发现他出世后，就一直饱受这个病症的折磨。他们肯定沃森从一开始就知道这个小男孩身受“认知缺陷”之苦，这与他自己在1920年发布的论文内容刚好相反。福瑞德兰德还说自己差不多“能肯定（沃森）知道阿尔伯特的病情，而且有意进行实验误读”，这样的结论几乎是铁板钉钉的。沃森挑选了道格拉斯，还有可能是因为这个小宝宝本来存在认知缺陷，因此，道格拉斯对外界刺激的反应相对迟缓，比如看到动物后的反应，至少在一开始，他的确存在反应慢的情况。相反，一个“正常”的婴儿可能从一开始就会被那些东西吓到，这样就同沃森的观点唱起了反调——沃森认为：所有刚出生的婴儿不惧怕任何动物，他们变得害怕是因为条件反射的作用。另外，沃森挑选道格拉斯似乎还有另一个可能，那就是他的母亲在这家医院上班，迫于职位的压力，只得同意让自己的孩子去经历这个明显带有痛苦的过程。

贝克和福瑞德兰德指出，沃森在其后来的职业生涯中取得的成绩，很大程度都是建立在"小阿尔伯特"实验的基础上的。他们说，"沃森给自己贴上了儿童发育领域的专家，还炮制了那个招牌故事，说道格拉斯/阿尔伯特是一个'健康'和'正常'的孩子。"并且他们还说，沃森将'小阿尔伯特'研究作为自己的畅销书《婴幼儿心理护理》（*Psychological Care of the Infant and Child*）的依据材料之一，该书大肆鼓吹斯多葛哲学，也就是鼓吹对孩子要严格管教，要让他们的生活寡淡干枯，不能丰富多彩。沃森贬低儿童的自发性，也反对父母精心抚养儿童的做法，这种观点对后来几代人养育孩子的方式产生了深远的影响。但是，由于小阿尔伯特并非一个健康的孩子，所以，无论这项研究有怎样的价值，都被彻底地毁掉了，跟着陪葬的还有沃森所剩无几的声誉。

赖 希

Reich

性高潮会产生“生命力”

威廉·赖希（1897—1957）是一位精神分析学家和伪科学家，也是一个具有魅力，并且会引发争议的人物。他提出了关于“性高潮力量”等概念，以及“性高潮能力”（也就是“性原力”，orgone）真实存在等理论——这些备受争议的说法，让他名声大噪。

赖希出生的地方当时属于奥匈帝国的治下，现在属于乌克兰。用他自己的说法，他的童年时期是一段充满着炙烤气息的日子，混杂着性和死亡。他说自己实在是太早熟了，早熟得简直令人无法置信。他在四岁的时候，就懂得了性知识，然后十一岁的时候，他就失去了处男之身。不过真正塑造他性格的事情，可能是发生在他十二岁的时候。那时候，他的母亲由于闺中寂寞压抑，于是和他的一位家庭男教师发生了婚外情；赖希发现了他们之间的丑事，于是向父亲告密了。随后，家中出现了一连串可怕的场景，到了他母亲自杀的时候，事态达到了高潮——她喝下了厨房清洗剂，用这种手段自杀，死亡的过程既可怕又漫长。在此之后，赖希变得沉溺性欲，他光顾妓院，并且还说自己每天都要过性生活。

赖希在维也纳学医的时候，遇见了弗洛伊德，马上就为后者倾倒。后来，赖希越来越浸淫于精神分析理论了。弗洛伊德关于性的各种理论，以及在人格和心理健康方面，有一个观点，认为“力比多”，也就是“性动力”的作用巨大，这些说法对赖希具有特殊的吸引力。不久以后，他超越了导师的理论藩篱，跑得更远了：他支持关于性的各种改革思潮，特别是为年轻女性摇旗呐喊，他支持避孕、计划生育、流产等行为，他甚至赞同青少年进行性活动。他还和自己的一些病人上床，甚至其中有一个病人，还成了他的妻子。

赖希认为性无处不在，这个观点与弗洛伊德学派的其他人渐行渐远，特别是1927年，他出版了《性高潮的作用》（*The Function of the Orgasm*）一书，情况变得更加明显了。在这本书里，他提出了一个哲学观点，即“性能量”是人类心理的核心内容。在心理咨询的实践过程中，他益发确信，“性能量”或者“性高潮能力”是一种真实的、有形的力量；接着，他变得越来越执著地要证明这一点。

与此同时，弗洛伊德学派的人对他敌意丛生，于是，他被赶到德国去了。在德国期间，他进一步地突出了自己哲学中的社会学成分，试着要将精神分析理论转变成一种人民运动。他鼓吹社会主义理论，甚至在1929年，还访问了共产党治下的俄罗斯。20世纪50年代，他和共产主义曾经眉来眼去的往事被人翻了出来，从此这段往事一直阴魂不散地困扰着他。由于在1933年，他出版了《法西斯主义的大众心理学》（*The Mass Psychology of Fascism*），所以，当纳粹上台后，他只得又一次被迫逃亡，这次他逃到了挪威。在挪威，他继续探寻“性高潮能量”的证据，后来他把这个称之为“性原力”。

然而，他的实验再一次引发了争议，他竟在自己的实验里，把电极连到了正在接吻的夫妇们的生殖器上。当时，还有另一个科学家威廉·霍夫曼，他尝试在精神分裂症患者身上应用这些技术。然后，到了1937年，挪威的新闻界将这两个人的工作混为一谈，于是赖希发现自己受到了指责，罪名就是：在精神病患者进行性行为的时候，他竟然在他们身上做实验。

1939年，他再一次逃亡了，这次是逃到了美国。在美国期间，他在缅因州的一所房子里安顿下来了，他管这房子叫“性原力之地”。在这里，他提出了自己的见解：所有疾病的病因都是因为“性原力”流动紊乱造成的。另外，他说自己发明了捕捉和汇集“性原力”

的各种技术，他相信“性原力”充斥着整个宇宙空间。赖希声称，性原力“蓄能盒”(这是一种布满了金属线的木头箱子)可以收集“性原力”的能量，而且，如果一个人坐在这个箱子里，就可以治愈疾病。赖希对自己的实验信心满满(在这些实验中，箱子内的温度似乎要比外面的温度高)；他确信，只要他能和爱因斯坦见上面，通过努力，他可以让后者对自己的新技术感兴趣。那位伟大的物理学家自己做了一些实验，但是随后，爱因斯坦得出了“空无一物”的结论，这让赖希大为光火。

“我感受到了他的弱点，”赖希在日记中这样写道，用的还是他那种富有特色的谦逊笔调，“而且，当他的观点出现错谬时，我一点都没有沾沾自喜的感觉，对于这一点，我为自己感到自豪。”

赖希也够胆大无畏了，他开始制造这种盒子，然后分给医生们使用，象征性地收取一些费用。之后，他开始大声疾呼，认为主流医学界、制药工业和监管机构形成了腐败阵线，沆瀣一气；那些监管机构，尤其是FDA(美国食品和药物管理局)本来应该阻止腐败的，如今却与他们狼狈为奸。

但是，这时候他自己的处境已经如履薄冰了。每过一段时间，有关他在挪威的陈年旧账就会被翻出来，随后在报刊杂志上，就会出现各种谩骂的文章，将他与疯狂纵欲和歪门邪道的性科学联系在一起。到了这个时候，他又招惹上了一家联邦机构，当时的美国，反共产主义正处于高潮阶段，整个国家风声鹤唳的。FDA对他进行了全面围剿，火力集中在一点上，就是他说自己的“性原力箱子”可以治病。1954年，赖希被禁止出售他的盒子，还有他的书籍也被列为禁书。整个过程中，他的精神状态变得越来越脆弱了。传记作家罗伯特·科瑞顿对赖希心怀同情，根据这位作家的说法，赖希患上了轻度躁狂症，这是躁狂症中的一种，其特点是患者的心中燃烧着狂野激情、性欲旺盛，还有就是“自命不凡”（差不多就是“自我”失控的意思。）

1956年，他的一位同事犯了一个芥豆小错，就是把一些“性原力箱子”运出了州界，于是赖希被告上了法庭。当赖希上庭应诉的时候，他处于方寸大乱的状态，于是把事情弄得一团糟，无法挽回了。当时，他喝得醉醺醺的，而且心理备受“弥赛亚情结”[①]的折磨。根据科瑞顿的说法，“他渐渐相信自己受到了召唤，要为饱受性饥渴蹂躏的人类，以及嗜虐成性的人类，承担起沉重的责任；另外，只有当人们听到他的那些治愈人心的消息，他才能指出一条通往新人性的道路。”赖希被判藐视法庭罪，并入狱两年。联邦特工将他的实验室夷为平地，销毁了成堆的盒子，还把他的大量书籍付之一炬。

1957年3月，赖希入狱；尽管在狱中，他完成了他的另一部作品，但是几个月后，他死于心脏衰竭，很可能也有监禁方面产生的压

① 弥赛亚情结（messiah complex），也称“救世主情节”，是指基督教传教士坚信自己的信仰与价值观具有普世意义，因而有着将其推广开来的强烈愿望。

力对他雪上加霜。在他的葬礼上，那些悼词将他描绘成了一位新的弥赛亚:“千年才降临一个,不,应该说两千年才有一个这样的人,如斯人杰莅临这个地球，改变了整个人类的命运。”其中一位发言者如此抑扬顿挫地吟咏道。

裂脑研究

Split-Brain Studies

从此我们知道，左右脑功能不同

所谓脑裂就是脑胼胝体和大脑其他部位的连接被隔绝开了。脑胼胝体是大脑中一块厚实的区域，由6亿多个神经纤维组成，其作用是沟通大脑的左右两个半脑。

人脑的特征就有前脑巨大，这部分充满褶皱，样子像核桃，处在整个大脑的外层——从视觉、听觉、触觉，一直到语言、计划、处理问题等，所有这些高级功能都集中在这个领域。前脑分成两部分，左脑和右脑。

自从人们开始有关大脑损伤的研究以来，到目前为止，我们已经知道了这样一个事实，就是左右脑似乎有不同的功能，各司其责，并且控制不同的区域。正常情况下，负责信息沟通的神经在左右脑之间形成了桥梁，这就是所谓的“神经连接索”。通过“神经连接索”，神经信息能够快速地从大脑的一边传送到大脑的另一边。但是对脑裂患者来说，最大的“神经连接索”，也就是脑胼胝体在手术中被切断了，这个手术就是所说的“连合部切开术”。于是，左右脑互相之间无法进行正常的沟通，另外，一些关于人们聪明程度的实验发现，人如果出现脑裂情况后，那么他的感知、思维和意识都会受到严重的影响。

在少数几个罹患严重癫痫病的患者身上，医生进行了“连合部切开术”。原本做这个手术的目的是通过切断脑胼胝体的办法，希望能够限制大脑产生那些带电的“头脑风暴”，这些“头脑风暴”让患者们备受摧残。刚开始的时候，心理学家们指望通过该手术，揭开意识的本质，并且能够了解认知过程的本质。但是他们失望了，因为对那些脑裂患者进行的第一批研究表明，患者的病情似乎毫无改变。不过，出现这种现象的原因，可能是患者的各个感知功能没有受到相应的控制。由于脑裂患者可以转动头部，并且能够在完成任务的环节中做到两手并用，因此，患者的左右脑都可以获取相同的感知，也就意味着在任何单一的测试中，患者很容易作弊。

在20世纪50年代，罗杰·斯佩里开始用做过脑裂手术的猫做实验了。通过原先的脑裂手术，这些猫的视神经已经被分开了，于是，每一只猫眼都只能与自己的半边大脑进行交流。他向大家展示了，当这样一只猫学会用一半大脑完成某一任务的时候，它的另一半大脑对此过程一无所知。甚至通过实验，还可能出现这样的情况：一只猫用不同的脑半球行事，会做出相反的选择。

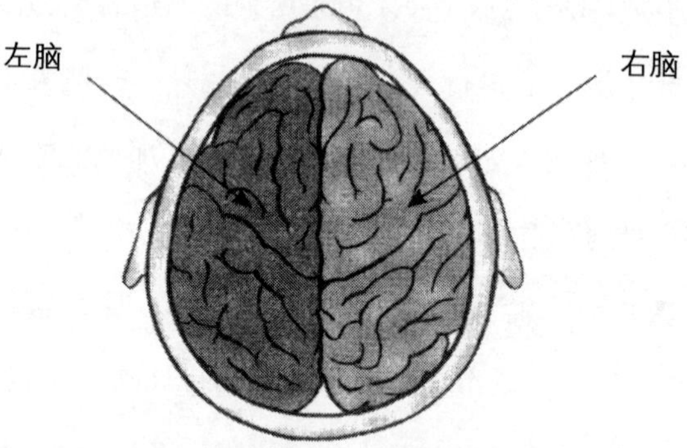

在20世纪60年代，斯佩里和同事们受邀去对“脑裂手术病人”进行检查（后来，斯佩里因为自己的研究工作，获得了一项诺贝尔奖）。随后，他们设置了一些精巧的实验，在这些实验中，实验人员每次提供的信息，患者只有半边大脑能够获知——比如，你的左手是由右脑控制的，而左脑掌管的是右边的视觉范围（即，每只眼睛往右边看的时候，所能目及的范围）。让“脑裂病人”完成一些任务，比如让他们说出左手握着的东西的名称，或者让他们跟着右边视野里呈现的歌词哼唱。

这些研究表明，左右大脑有着非常大的区别。由于右脑几乎没有什么语言功能，无法形成言辞，那么就会出现这种情况：患者左手拿着东西，但是无法描述该东西。除非被观察的对象有明显的特征，比如留有胡子或者戴眼镜，否则的话，患者的左脑在识别该对象的脸部的时候，就会出现困难。右脑可以理解单词的意思，但是无法理解复杂的句子，而且无法押韵。病人自己似乎并没有意识到这些缺陷，而且，一般来讲，他们事后都会想出一些托词，比如，当他们无法说出左手拿着的物体的名称时，就会声称自己的左手刚才“没感觉了”。

还有一个特别的地方，人的左脑里有一个装置，叫作“解释器”。具体来说，只要右脑做出了选择，“解释器”都会努力拼凑出一个连贯的故事，并且向壁虚构出一些解释。如此看来，右脑似乎缺少意识感知。有这样一个实验：实验人员给一个脑裂病人看雪景图，然后拿出几张以供选择的图片。在此强调一下，右脑没有语言功能，接着，在实验中，病人的左眼看了雪景图，于是在右脑的控制下，他就会挑选一把铲子。然后，实验人员给病人的右眼（左脑）看一只鸡爪，于是病人选择了一只鸡。接着，实验人员询问病人选择上述图片的理由，病人解释道：“鸡爪长在鸡身上，到处跑，所以你需要一把铲子去清理鸡窝。”左脑不知道右脑看到了什么，也不知道选铲子的缘由，但是却有本事炮制出这么一套说辞。

研究证明，左脑掌管语言、解决问题、逻辑、数学和解释、陈述、推理等功能，据说更具分析能力，而右脑更具综合能力，它能整体、完全地看待事物，包括人脸和复杂形状；而且在解读问题时，右脑不大会玩文字游戏，因此，只能记住事情。

脑裂患者的特异功能

有趣的一点是，在某些事情上，脑裂患者比拥有完整“神经连接索”的人，表现得要更棒。两套独立的感知系统同时运作，那么就意味着：给一个脑裂患者看一组图片，分两种情况，第一种分别给左右脑各看一部分图片，第二种是让某一边的大脑看所有的图片，前者所需的时间只是后者的一半。另外，还有一个测试，将视觉信息放置在左右脑的两个视野（也就是说左右脑有其各自的信息地盘）的交界处，脑裂患者对这些信息的视觉记忆能力要超过正常人。

尽管有以上异于常人的不同之处，但脑裂患者并没有感受到自己的意识是分裂的。现在有猜测认为，这些患者比较难以触及自己的感情。据推测，原因可能是虽然患者的右脑产生了感情反应，但是这些反应无法被左脑用语言来描述或者解读。另一方面，大脑中有些处于较下方位置的部位，比如脑干等区域，这些部位也能沟通左右脑。对于脑裂患者来说，只要这些部位的沟通依然顺畅，那么就可以通过这些部位，使有些感受得以在左右脑之间传输；另外患者还可以通过生理机能和身体的动作，来进行左右脑的情感沟通。同样地，左右脑体验着同样的外部世界，而这一点，也有助于左右脑将一切整合起来。

当然了，大众流行的传统观念认为，左右脑是互相对立的（如理性对感性，数学对艺术），从这个角度看，脑裂研究中的各种发现似乎给这个观念提供了依据。但是研究脑裂的专业人士对此不屑一顾，他们认为这把问题看得太简单了。更深一些的问题，关于意识的本质，还有意识存在的位置，依然是未解之谜，但有一点确凿无疑，脑裂患者并不能证明他们是“一个大脑两个人在用”。

罗夏墨迹测验

Rorschach Test

用墨渍看出你的心理状态

罗夏墨迹测验是一个心理投射测验，通过将墨水滴到一张纸上，然后将纸对折，于是在这条折线的两边形成了一个图案。通过该测验，人们一共总结出了十种抽象图形。我们将这个实验归类到心理投射测验，是因为据说参加这项测验的人，会通过墨迹映射出他（她）的个性，并且/或者是下意识地表现出来。换而言之，图形本身无形无相，也是毫无意义的，但是经过解读，就变得含义深刻了。

瑞士精神病医生赫尔曼·罗夏（1884—1922）开发了这项测试，他和荣格是同时代的人。罗夏致力于宗教派别的研究，也同时提出了这个以他的名字命名的著名测验。可能是因为他的艺术背景，让其生发了设计这个测试的灵感。少年时代，他就因为画艺成名；而且，还有一件巧得不可思议的事情，他的小名叫“Klex”，这在德语中指的是一种“涂涂抹抹”的游戏，但同时也和德语中“墨迹”这个词非常相似。罗夏将墨迹归纳成十五种，不过他的出版商剔除了其中的五个，留下的十个沿用至今（这十个当中，有五个是单色的，有两个带一点颜色，另外三个是多色彩的）。1921年，他本来要出版《心理诊断》（*Psychodiagnostik*）一书，但是由于研究过程出现了很多始料未及的问题，所以被推迟了；还有一点，截止那个时候，事实证明他已经对该书的内容不大满意了，不久以后，罗夏死于腹膜炎。

虽然他的事业本可以硕果累累，可惜戛然而止了，但是“罗夏测验”的生命力异乎寻常得顽强，让普通民众和精神病医生同样着迷。在普通人眼里，这个测验代表了神秘的心理力量，通过这个测验，一个像萨满教巫师那样神神叨叨的治疗师可以破解病人心中的秘密，墨迹在他手里的用途就像是能卜算未来的骨头，或者就像一只祭品的内脏。在专业人士的层面，关于这个测验，他们写出了大量的文字资料，延伸出来的解读系统错综复杂。比如，有人如果对颜色有感触，那么可能反映了他是情感丰富的人；同时，如果在图形中，有人看到了活动着的物体，那么可能反映了他是性格内向的人。如果有人对图案的解读自成一说，而且他的说法

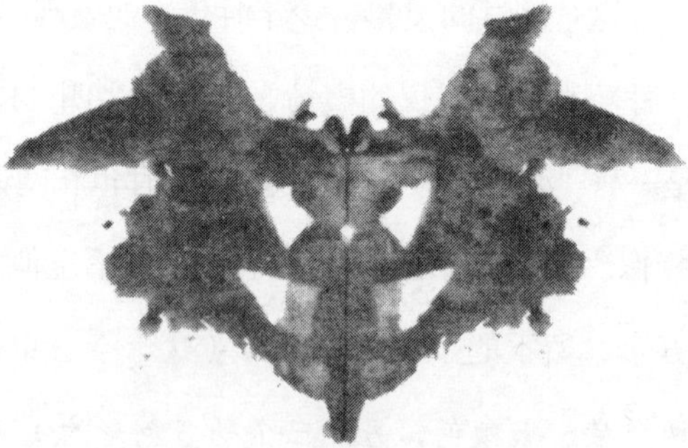

很罕见，那么就表明他在神经方面可能会出问题。如果看图的人看到了半人半兽的形象，那么可能说明他有罹患精神分裂的危险。

传统上，要应用这个测验，只能让治疗师担任仲裁者的角色，也就是只有治疗师才能解读受测对象的各种反应，以及解读这些反应与疾病的关系。于是，就有批评认为，这种“治疗师说了算”的方式具有太过强烈的主观色彩，而且缺乏可靠性，不可能形成标准化的量化体系。虽然，批评者指出采用罗夏测验得出的分数不可靠，也没有令人信服的研究来支撑这些分数（考虑到这个测验本身的定义，就涉及到主观解读，还有对这些解读的主观解读，所以真的很难看出这个测验存在客观的可能性），但是这些批评无法阻挡人们关于罗夏测验的各种说法，甚至有人说通过罗夏测验，可以看出哪些人精神错乱了，哪些人精神正常。

现在，除了一小撮中坚的狂热人士外，罗夏测验和其他心理投射测验都被归入了伪科学的行列。另外，还有笔迹学和水晶占卜术等都属于同一个阵营的，都是伪科学，因为这类东西有很多相同点。不过这些测验也有一样好处，能够让治疗师和被治疗人之间更顺畅地沟通，谈话更具有实在的内容，墨迹本身并没有特殊的价值——治疗师也可以让他们的客户看看天空中的云朵，或者看看地毯上的污渍，以此作为测验结果的依据。

图灵试验

Turing Test

心理治疗师其实是计算机程序，骗过你

通过这项试验，人们可以看出一台计算机能否与人进行对话，而且人们能知道计算机的对话水平到底如何，能不能高超到以假乱真，即，令人无法分辨出到底自己是和机器对话，还是与人交谈？

这个试验是以阿兰·图灵命名的。图灵是数学家，也是计算机之父。1950年，他发表了一篇文章，在文中，他提出了一个有关“思想”的实验，并称之为“模仿游戏”。

图灵提出了一个问题，“机器能有智能吗？”但他随后摈弃了这个问题，是因为觉得“太没意思了，根本不值得讨论”。毕竟，“智能”到底是什么意思还不甚了了，提问“机器智能”更显得虚无缥缈了。

相反的，图灵提出了以下观点：如果一台机器能够表现得像人一样聪明，那么无论从哪个角度来说，这台机器都应该被视作与人一样拥有智能。他提到了一个模仿游戏，游戏的内容是一个男人提出一些问题，都是一些他觉得女人可能会问的问题；然后安排一个发问者和模仿者通过书写的方式，交流问题和答案，不过该模仿者并非真的女人，而是一台计算机。图灵认为，该游戏的前提是允许该男人天马行空地提问，并且发问者通过文字提交问题，模仿者（计算机）也用文字回答；如果该男人不能根据得到的答案进行判断，这到底是计算机给出的回答，还是真人给出的答案，那么从某种意义上讲，就可以说这台计算机拥有了智能。

图灵本以为到了2000年，机器智能在这项测试上的通过率能够达到70%，但在实践过程中，到目前为止，还没有一台机器能接近这个目标。对于那些试图掌控人工智能（AI）的人来说，他们面临着非常棘手的问题，眼下的现实情况凸显了这项工作的难度。关于智能的本质，人们还在激烈地争论着，还在孜孜以求地探讨着，以及探讨所谓的人工智能或者机器智能，究竟有着什么样的意义，在这些方面，通过图灵试验，人们得到了不少启发。

图灵试验在面对智能问题的时候，采用了一种带有行为主义者风格的方式：在这个试验中，一个智能就像某一种“黑匣子”，你往里面扔问题，然后它吐出答案。这种输入/输出式的模型表明黑匣子里面的内容无关紧要，只有输入和输出的内容才有意义。一直以来，这种方式饱受诟病，因为它遗漏了智能的固有特质；其中，哲学家约翰·赛尔在其“中文房间”思想实验中，有力地指出图灵试验的谬误。

赛尔的实验过程如下：在一个房间里，有一个不会说中文的人，但是实验人员通过墙壁上的缝槽，给他递进来一张中文字条。这个人利用一本厚厚的、以英语写成的讲述中文语法的书，然后，他根据语法书的规则，捏成了一个中文答案，然后他通过缝槽，递出了答案。房间外面有一个华人的对话者，在他的眼里，里面的人似乎会说中文，但是实际上，里面的人对中文语义一窍不通。赛尔说，机器智能通过图灵试验得出了答案，情况与此类似，就是说机器经过程序处理，得出了答案，但是它并没有切实理解语义中的意思。

从事认知科学研究的专家罗伯特·弗兰奇指出，对于图灵试验，人们没必要将此弄成一个非此即彼的问题，也没必要得出“赢家通吃”或者“一无是处”的结论。在人们抱怨电脑之前，想想一台电脑能糊弄一个人类提问者长达一个小时之久，这到底说明了什么？我们可能会将这样一台机器归入“聪明”的一类，如果接下来有一台机器没有通过试验，那么就会被归入“笨拙”的一类。弗兰奇还指出，这个试验可能对计算机不公平，原因在于，人类智能，特别是牵涉说话表情以及对话神情等方面，无可避免地与人的生物特征以及具体的个性特点有关，比如肢体语言，以及人和环境在身体上的互动，而这些信息，机器是无法捕捉的。他认为，有些问题，比如，“满嘴含着冰苏打水的时候，人会感觉像脚踩针毡，还是像脑袋被灌了冰水？”对于这样的提问，机器智能没有上下文，没有前因后果，所以就无法对付了。

你好，我是伊莉莎。你想跟我聊什么？

休·勒布纳提供了一个现金奖项，表示如果有哪个团队可以设计出通过图灵试验的计算机，那么就可以得奖。但是年复一年，没有人能取得进展。在该领域，大概是1965年，约瑟夫·魏泽堡编写了一个著名的程序，也就是ELIZA（伊莉莎）。从那以后，实际上，这方面一直没有大的进展。在ELIZA里，他设计了这样一种模式，有一个角色名叫“医生”，模仿了一位名叫罗杰的精神分析医生的治疗方式，这位罗杰医生在治疗过程中，会把各种叙述语言都变成疑问句。ELIZA模式也照搬此方式，给“医生”安排了这项本领。比如，如果使用者打字输入“我感觉忧伤”，那么“医生”可能就回答道：“你为什么感到忧伤？”在耍人方面，ELIZA是一把好手。有些人还会一直和这个程序交流，好像它具有感知能力；即使实验人员向他们解释了该程序的性质后，他们还是认为ELIZA有感知。更有甚者，有证据表明，有人使用了某一个类似“医生”的程序后，产生的疗效相当于一个真正的精神分析医生。于是，关于“谈话治疗”的性质和价值，可以将上述情况视作讽刺和批评，还有，这多少让人洞察到了“谈话治疗”的真髓。

FREUDIAN SLIPS

All The Psychology You Need To Know

Postscript

译后记　心有千重结

鲍冷艳

清代大家纪昀在《阅微草堂笔记·滦阳消夏录》中有“夫人心叵测，险于山川，机阱万端，由斯隐伏”之语，如果我们撇开其中关于世道人心的感叹，只就事论事来说，这句话说明了人的心理活动是相当复杂的。不过，可能由于文化基因不同，对于中国人来说，心理学基本上属于外来文化，包括现在很多流行的词汇，比如潜意识、认知理论、集团无意识、巴纳姆效应等等，都是舶来品。好在中国文化具有强大的包容性，随着时间的推移，这些词汇也慢慢地嵌入了中华文化，成为不可分割的一部分。

不过在实践过程中，大部分人对于很多心理学概念及其来龙去脉，都存在着不少误读，而且我们现在很多流行的理论，都已经被证明是有缺陷的，比如在网络上传播甚广的“斯德哥尔摩综合征”之类的说法，所以中青社引进了这本心理学的入门读物，对纠正一些不当认知，是很有必要的。

本书最重要的特色就是摈弃了一般心理学著作晦涩难懂的弊病，将很多随着历史沿革的概念和理论，以及相关实践和实验，还有利弊之处，都进行了通俗易懂的解读。比如关于“洗脑”的概念，实际上，这个概念来自一位中情局特工的文章，而且在真正的心理学领域，很多人并不承认存在“洗脑”的说法。与其说是“洗脑”，还不如说是在高压环境下，人会进行自我欺骗或者欺骗周围的人，以换取生存的机会。关于这个问题，本书的相关章节都进行了详细的论述。

译完本书后，我觉得对以下问题要做一些说明：

第一，心理学是研究人的学科，中外心理在很多地方都非常类似。比如，关于“心理防御机制”，弗洛伊德是这样描述的：“自我”用“心理防御机制”对抗“本我”。这样的表述到了中文语境，多少有些玄乎的感觉，但可以用一首古诗来进行形象的描述，我挑选了唐代诗人金昌绪的《伊州歌》，原诗如下：

“打起黄莺儿，莫教枝上啼。啼时惊妾梦，不得到辽西。”

诗中的少妇娇俏可爱，但她的心思和举止就是一种“防御机制”。她把闺中寂寞的责任推到黄莺儿的身上，让自己的情绪有了发泄口。

只是，人的心理有很多种防御机制，上述诗歌中的这种属于无伤大雅的类型，但有些防御机制就非常复杂，而且会在现实生活中惹出不少麻烦，比如“错误记忆”。虽然错误记忆并非都是防御机制的产物，但是很大一部分，都是人为了某种目的扭曲了记忆。

第二，心理学不能成为人们推脱责任的借口。

心理学的真正目的是探究人的精神世界，试图找出其中的运行规律，但在实践过程中，心理学和精神病学带来了一个副产品，就是有人会借此试图为各种错误行径开脱。关于这个问题，书中讲到了莱因的“反精神病学运动”，里面牵涉到了对这个问题的反思。

虽然在实际运作中，“反精神病学运动”也出现了纰漏，但是他提出的理念影响极广。中国目前正处于社会转型的关键时期，有人说，我们国家近几十年来的发展压力真是太大了，从“前工业化国家”要转变成“工业化国家”，这项工作尚未完全就绪，马上又要转型成“信息时代的国家”。在如此剧烈变化的年代，做好人们的心理疏导工作是整个社会的一项非常重要的工作。

但是，我们要强调一点，如果人犯了错，对他人、对社会造成了伤害，那么必须承担相应的责任。比如曾经有一个案例，一个年轻的母亲长年吸毒，根本无法承担为人母的责任，终于酿成了惨祸。记得当时曾有律师辩称，这位母亲从小没有得到别人的爱，所以她不懂爱，还有不少诸如此类的辩解。我不能说律师的话毫无道理，但是心理归心理，法律归法律，不能用心理问题为借口，混淆是非对错。从本书中，也可以看到类似的说法，比如关于“认知失调”理论，就有人批评这不过是“心中有愧”的表现形式罢了。

虽然，从真正的科学意义上讲，心理学还存在某些缺陷，其根基也不是很稳固，比如在中国流传甚广的马斯洛学说，并不是特别符合科学的特性，对此，在有关章节中会有详细的说明，在此不再赘述；但是心理学一直努力向科学靠拢，也尽量通过设计精准的、严谨的实验，来进行相关领域的研究，比如巴甫洛夫进行的一系列实验。总之，通过这本书，希望能让大家多了解一些心理学的知识，并且消除一些长久以来的误解。